JN140952

個《こ》「性《せい》」ってなんだろう？

L《エル》G《ジー》B《ビー》T《ティー》の本《ほん》

監修　中塚幹也
岡山大学大学院保健学研究科教授
岡山大学ジェンダークリニック医師

はじめに

この本《ほん》を手《て》に取《と》ってくれたみなさんへ

岡山大学《おかやまだいがく》ジェンダークリニック　中塚幹也《なかつかみきや》

みなさんは、LGBT《エルジービーティー》やSOGIE《ソジー》という言葉《ことば》を聞《き》いたことがありますか？　LGBT《エルジービーティー》は、Lesbian（レズビアン、女性同性愛者《じょせいどうせいあいしゃ》）、Gay（ゲイ、男性同性愛者《だんせいどうせいあいしゃ》）、Bisexual（バイセクシュアル、両性愛者《りょうせいあいしゃ》）、Transgender（トランスジェンダー）の頭文字《かしらもじ》をとった言葉《ことば》で、SOGIE《ソジー》は、Sexual Orientation《セクシュアルオリエンテーション》（性的指向《せいてきしこう》＝好《す》きになる性《せい》）、Gender Identity《ジェンダーアイデンティティー》（性自認《せいじにん》＝心《こころ》の性《せい》）、Gender Expression《ジェンダーエクスプレッション》（表現《ひょうげん》＝表現《ひょうげん》する性《せい》）の頭文字《かしらもじ》のSO《エスオー》、GI《ジーアイ》、E《イー》をとった言葉《ことば》です。

「性《せい》のあり方《かた》」は、世《よ》の中《なか》にたくさんの種類《しゅるい》の仕事《しごと》や生《い》きかたがあるのと同《おな》じくらい、多様《たよう》なものです。これまでＬＧＢＴ《エルジービーティー》の人《ひと》びとは「性《せい》的《てき》マイノリティ（マイノリティは少数派《しょうすうは》という意味《いみ》）」と呼《よ》ばれ、自身《じしん》が当事者《とうじしゃ》だと言《い》い出《だ》しにくく、まるで「見《み》えないもの」のようでした。

現在《げんざい》、ＬＧＢＴ《エルジービーティー》の人《ひと》びとは、13人《にん》に１人《ひとり》の割合《わりあい》で存在《そんざい》しているともされます。ＬＧＢＴ《エルジービーティー》やＳＯＧＩＥ《ソジー》という言葉《ことば》は広《ひろ》く知《し》られつつありますが、言葉《ことば》の意味《いみ》や、ＬＧＢＴ《エルジービーティー》の人《ひと》びとの置《お》かれている状況《じょうきょう》について考《かんが》えたことがあるかというと、まだ十分《じゅうぶん》でないといえるでしょう。理《り》解《かい》をするためには「まず知《し》ることが大事《だいじ》」で、本書《ほんしょ》がそのきっかけとなればと願《ねが》っています。

つらさを感《かん》じている人《ひと》には、本書《ほんしょ》で性《せい》の多様性《たようせい》を知《し》り、少《すこ》しホッとしてもらえるのではないでしょうか。またＬＧＢＴ《エルジービーティー》について知《し》らなかったのなら、性《せい》の多様性《たようせい》を知《し》ることだけでも理解《りかい》への十分《じゅうぶん》な助《たす》けになります。アライ（理解者《りかいしゃ》、支援者《しえんしゃ》）になろうと思《おも》う人《ひと》びとが増《ふ》えれば、みんなが今《いま》よりもっと過《す》ごしやすい社会《しゃかい》になりそうです。

ＬＧＢＴ《エルジービーティー》の人《ひと》びとの存在《そんざい》を知《し》り、少《すこ》し想像力《そうぞうりょく》を持《も》つと、「多様性《たようせい》の大《たい》切《せつ》さ」が見《み》えてきます。ＬＧＢＴ《エルジービーティー》の人《ひと》びとが生《い》きやすい社会《しゃかい》は、あなたも含《ふく》めて「すべての人《ひと》びと」が生《い》きやすい社会《しゃかい》なのです。この本《ほん》を読《よ》むことで、そのことに気《き》づき、どうすればよいか考《かんが》えてみるきっかけになれば、こんなに嬉《うれ》しいことはありません。

もくじ

1章《しょう》 女性《じょせい》らしさ、男性《だんせい》らしさって、なんだろう？

2章《しょう》 気《き》になるのは、異性《いせい》とはかぎらない？

修学旅行
班ぎめ
女子
男子
おふろのじかん

なるってどんなこと？

小学校高学年《しょうがっこうこうがくねん》くらいになると、
身長《しんちょう》がのびたり、
高《たか》い声《こえ》が出《だ》しにくくなったり、
ふっくらとした体《からだ》になったりして、
どんどん大人《おとな》になっていくんだ。

気持《きも》ちはどんなふうに
変《か》わっていくんだろう？
今《いま》まで気《き》に入《い》っていた服《ふく》が
好《す》きじゃなくなったり、好《す》きだった本《ほん》を
子《こ》どもっぽく感《かん》じたりする人《ひと》も
いるかもしれないね。

これが大人《おとな》になるってことなのかな？
みんなはどう思《おも》う？
自分《じぶん》で気《き》づいたことはある？

わたしのクラスには
いろいろな子《こ》がいるんだ。

「わたしは
かわいいシールを
集《あつ》めるのが好《す》き。」

「ぼくもかわいいものは
大好《だいす》き！ おしゃれな服《ふく》を
着《き》たいんだ。」

「わたしは外《そと》で
おにごっこをするのが
好《す》きだな。」

「ぼくも走《はし》るのが好《す》き。
サッカーがうまく
なりたいんだ。
にているね！」

中学校《ちゅうがっこう》や高校《こうこう》に行《い》ったら、
わたしたち、どんなことをしているのかな？

「好《す》きな人《ひと》ができたりするのかな。」

「サッカー部《ぶ》に入《はい》りたい！
彼女《かのじょ》もできるといいなあ。」

大人《おとな》に

「わたしは理科《りか》の勉強《べんきょう》をがんばりたいな。
科学者《かがくしゃ》になりたいの。」

「制服《せいふく》をおしゃれに着《き》こなしたいな。
女子《じょし》の制服《せいふく》のほうがかわいいけどね。」

わたしたち、どんな大人《おとな》になるんだろう？

「結婚《けっこん》とかしてるのかな？
家族《かぞく》がいたら幸《しあわ》せそうだなあ。」

「まずは、好《す》きな仕事《しごと》を
たくさんがんばりたい！
結婚《けっこん》は……あまり想像《そうぞう》できないな。」

「わたしはモデルになりたいの。
でも、ママにもなりたい！」

「ぼくは今《いま》みたいにかわいい服《ふく》を
着《き》ていたいなあ。」

なりたいんだろう？

わたしたちの心《こころ》や体《からだ》は、
これからどんなふうに
変《か》わっていくんだろう。
好《す》きなものはなに？
やってみたい仕事《しごと》はあるかな？
どんな自分《じぶん》になれるといいかな？

アイドルにもあこがれるけど、
スカートをはいた、かみの長《なが》い
アイドルじゃなくて、
◯◯くんみたいな、
かっこいいアイドルになりたいなぁ。

どんな大人《おとな》に

やさしいお父《とう》さんになりたいなぁ。
でも、だれかを好《す》きになったことはないし……。
好《す》きな女《おんな》の子《こ》、できるかな？

個性《こせい》ってなんだろう？

見《み》た目《め》や考《かんが》えかたは
人《ひと》それぞれだし、
好《す》きなものや、なりたい自分《じぶん》、
なやみも、人《ひと》によってちがうよね。
じゃあ、ふつうって
どういうことをいうのかな？
自分《じぶん》とほかの人《ひと》は、
なにがちがうんだろう？
その人《ひと》らしさ、
個性《こせい》ってなんだろう？

1 章《しょう》

女《じょ》性《せい》らしさ、男《だん》性《せい》らしさって、なんだろう？

「男《おとこ》の子《こ》だけのあそび」や
「かわいいものは女《おんな》の子《こ》だけのもの」など
男《おとこ》の子《こ》と女《おんな》の子《こ》ってきまりがあるのかな？
自《じ》分《ぶん》の好《す》きなことがきまりと反《はん》対《たい》だったら
どうしたらいいんだろう。

アクセサリーより野球《やきゅう》が好《す》き！

あー、ありがとう。でもごめんね。
わたし、放課後《ほうかご》は野球《やきゅう》する約束《やくそく》してるんだ。
いっしょに遊《あそ》ぼうよ！楽《たの》しいよ！
でもビーズとかアクセサリーとか興味《きょうみ》ないし……。
え〜！あおいちゃんにも来《き》てほしいのに。野球《やきゅう》って、男子《だんし》しかいないでしょ？
えー、そうなの？女《おんな》の子《こ》らしくないね……。
別《べつ》に、女《おんな》の子《こ》らしくなくていいよ〜。
正直《しょうじき》あおいちゃん変《へん》だよ。女《おんな》の子《こ》なのに。
そんなこといわれても……！
もういいじゃん、別《べつ》に。
でもさー。
あおいちゃんは、野球《やきゅう》が好《す》きなんだから。好《す》きなことはそれぞれみんなちがうよね。
ガラッ

なにもめてるの？
はやく野球《やきゅう》行《い》こうぜ。
帰《かえ》ろっか。
あおいちゃん、無理《むり》にさそってごめんね。
ごめんごめん！よし、行《い》こう！
今日《きょう》の野球《やきゅう》、どこでする？
第《だい》2公園《こうえん》にしよ。
オッケー！
……でもおまえさ、たまには女子《じょし》と遊《あそ》んだら？
え、なんで？
だって、あおいは女子《じょし》だしずっとおれたちと遊《あそ》ぶのも変《へん》じゃない？
別《べつ》にいいんじゃない？そんなの。
………。

女《おんな》の子《こ》だけど、野球《やきゅう》が好《す》きなあおいさん。
それってふつうじゃないことなのかな？
あおいさんや、まわりのみんなはどう思《おも》っていたのかな？

みんなの気持《きも》ち

女《おんな》の子《こ》は、ふつう、野球《やきゅう》よりもかわいいものをつくるほうが楽《たの》しいに決《き》まってるのに！
あおいちゃんはいい子《こ》だけど、どうしていつも男《おとこ》の子《こ》みたいな遊《あそ》びばっかりしているんだろう。

？「ふつう」ってだれが決《き》めたのかな？

あおいさんってちょっと変《へん》……？

あおいは女《おんな》だから、男子《だんし》といっしょに野球《やきゅう》するのはちょっと変《へん》だなって思《おも》ってたんだ。
それに、今日《きょう》、女子《じょし》たちが話《はな》しているのを聞《き》いてさ。
よけいに変《へん》だよなって思《おも》っちゃった。

？きみは「女《おんな》の子《こ》だから変《へん》だ」と思《おも》う？

あおいちゃんといっしょに遊《あそ》びたかったけど、好《す》きなものがちがうし、しかたないよね。
今度《こんど》はちがう遊《あそ》びにさそってみようかな。
あと、好《す》きな野球《やきゅう》をしているあおいちゃんはかっこいいと思《おも》うんだ。

！好《す》きな遊《あそ》びって人《ひと》それぞれだよね。

あおいさんらしくてすてきだよね。

あおいちゃんは野球《やきゅう》もじょうずだし、いっしょに遊《あそ》んでいて、楽《たの》しいんだ。
なのに、女子《じょし》だからいっしょに遊《あそ》ばないとかなるのはいやだな。別《べつ》に、遊《あそ》ぶのに男子《だんし》も女子《じょし》も関係《かんけい》ないのに……。

？男《おとこ》の子《こ》だけの遊《あそ》び、女《おんな》の子《こ》だけの遊《あそ》びってあるのかな？

どうして女《おんな》の子《こ》だからって、好《す》きな遊《あそ》びをしちゃいけないの？
「女《おんな》の子《こ》だから」とか決《き》めつけられるのが本当《ほんとう》にいや！

でも、みんながいうように女《おんな》の子《こ》らしくしなきゃいけないのかな……。
でも、女《おんな》の子《こ》らしいってどういうこと？
わたしはわたしじゃいけないの？

考《かんが》えてみよう！

- あなたがあおいさんだったらどう思《おも》う？
- あおいさんの友《とも》だちだったら、どう思《おも》うかな？
- 「女《おんな》の子《こ》らしさ」ってどんなもの？

男子《だんし》はかわいいものが好《す》きじゃダメ？

うわ
かなめ、またそんな変《へん》なのつけてんのかよ〜。
ふつう、男《おとこ》はつけないだろ〜。
そんなのつけてはずかしくないの？
えー
自分《じぶん》の好《す》きなもの選《えら》んでるだけじゃん！
そうだよ！なにが悪《わる》いの!?
だって男《おとこ》なのにおかしいだろ！
え〜……おかしくないよ……。
はっ
かなめくんってもしかして……女《おんな》の子《こ》になりたいの？
わたしテレビで見《み》たことあるよ！女《おんな》の子《こ》になりたい男《おとこ》の子《こ》とか！
あー、なるほどねー。

えー、ちがうちがう！
そんな人《ひと》もいるかもしれないけど、
ぼくは別《べつ》に女《おんな》の子《こ》になりたいって
思《おも》ったことないよ！
でもさ、たまに
女《おんな》の子《こ》の服《ふく》も
着《き》ているよね。
しゃべりかたとかも
ちょっと女《おんな》みたいじゃん！
ただ、かわいいものが
好《す》きなだけだよ。
えー、本当《ほんとう》に
ちがうの？
だって、女《おんな》の子《こ》になりたい
わけじゃないなら
なんでそんな服《ふく》着《き》てるの？
よくわかんねー。
もー、別《べつ》に
うーん
ぼくはこれがぼくらしいって
思《おも》ってるんだけど、
そんなに変《へん》なこと？
うーん……。

男《おとこ》の子《こ》だけど、かわいらしい服《ふく》が好《す》きなかなめさん。
それってふつうじゃないことなのかな?
かなめさんや、まわりのみんなはどう思《おも》っていたのかな?

みんなの気持《きも》ち

かなめさんは変《へん》だ

おれは、いつも父《とう》ちゃんに
「男《おとこ》らしくしろ!」っていわれてるんだ。
男《おとこ》は男《おとこ》らしいのが当《あ》たり前《まえ》だろ!
だから、かなめはおかしいと思《おも》うし、
ふつうにしたほうがいいよ。

? どうして男《おとこ》の子《こ》は
男《おとこ》らしいのが
当《あ》たり前《まえ》なの?

かなめさんらしくていいじゃん

男《おとこ》の子《こ》だからって、かわいい服《ふく》を
着《き》ちゃいけないルールはないよね。
かなめくんは自分《じぶん》の好《す》きなものを
選《えら》んでるだけだし、
すごく似合《にあ》っているよ!

! その人《ひと》らしさって
あるよね!

かなめさんってふしぎ

かなめくんって、
なんだかちょっとふしぎ。
女《おんな》の子《こ》になりたいんじゃ
ないのなら、なんで
そんなかっこうしてるんだろう。

? じゃあ、
かっこいい服《ふく》を
着《き》る女《おんな》の子《こ》は
男《おとこ》の子《こ》に
なりたいの?

かなめくんが女《おんな》の子《こ》みたいな
服《ふく》を着《き》ているのは
別《べつ》に悪《わる》いことではないと思《おも》う。
でも、はずかしくないのかな?
まわりから変《へん》な目《め》で見《み》られると思《おも》うし、
ぼくだったら絶対《ぜったい》そんな服着《ふくき》ないかな。

? 好《す》きなものを、笑《わら》われたら
好《す》きじゃなくなるのかな?

かわいいものが好《す》きだからって、
女《おんな》の子《こ》になりたいわけじゃ
ないんだけどな。
みんな好《す》きなものとか
ちがうじゃん!
ピンクやかわいいものは
女《おんな》の子《こ》だけのものなの?

考《かんが》えてみよう!

- あなたがかなめさんだったらどう思《おも》う?
- かなめさんの友《とも》だちだったら、どう思《おも》うかな?
- 「男《おとこ》の子《こ》らしさ」ってどんなもの?

「男《おとこ》の子《こ》」「女《おんな》の子《こ》」ってなに？

「男《おとこ》の子《こ》」「女《おんな》の子《こ》」という言葉《ことば》を聞《き》くと、どんなことを思《おも》いうかべるかな？

かみの長《なが》さや服装《ふくそう》、遊《あそ》びの種類《しゅるい》など、「男《おとこ》の子《こ》」と「女《おんな》の子《こ》」では思《おも》いうかぶものがちがうかもしれないね。

男《おとこ》の子《こ》のイメージは？

かみの毛《け》が短《みじか》い
力《ちから》が強《つよ》い
スポーツが好《す》き
外遊《そとあそ》びが好《す》き
青《あお》や黒《くろ》が好《す》き

女《おんな》の子《こ》のイメージは？

かみの毛《け》が長《なが》い
力《ちから》が弱《よわ》い
色《いろ》はピンクが好《す》き
室内《しつない》で遊《あそ》ぶのが好《す》き

ほかにも
「男《おとこ》の子《こ》」「女《おんな》の子《こ》」と聞《き》いて
それぞれ、あなたが
イメージするものはなに？

男《おとこ》の子《こ》	女《おんな》の子《こ》
わんぱく	おしとやか
たたかいが好《す》き	たたかいがきらい
料理《りょうり》が苦手《にがて》	料理《りょうり》が得意《とくい》
かっこいいものが好《す》き	かわいいものが好《す》き
よくケンカする	ケンカはしない
さいほうが苦手《にがて》	さいほうが得意《とくい》
家事《かじ》はあまりしない	家事《かじ》をよくする

でも……いろんな人《ひと》がいるよ！

うちは、お母《かあ》さんのほうが仕事《しごと》がいそがしいみたい。だから、家事《かじ》はほとんどお父《とう》さんがするよ！

？ 男《おとこ》の人《ひと》が家事《かじ》をするのは変《へん》？

ぼくの好《す》きな色《いろ》はピンク！かわいいものや、おけしょうするのも大好《だいす》き！

？ ピンク色《いろ》が好《す》きな男《おとこ》の人《ひと》はおかしい？

わたしはいつも外《そと》で遊《あそ》んでいるよ。特《とく》にサッカーが得意《とくい》なんだ！よく、まわりからもかっこいいって言《い》われるよ。うれしいな。

？ 女《おんな》の子《こ》はおとなしく遊《あそ》ぶほうがいい？

みんなのなかには、「男《おとこ》の子《こ》はこう」「女《おんな》の子《こ》はこう」と思《おも》いうかべるすがたがあり、まわりの人《ひと》からも、「男《おとこ》らしさ」「女《おんな》らしさ」を求《もと》められることがあるかもしれないね。

でも、みんなのまわりにいる人《ひと》たちは「男《おとこ》の子《こ》」や「女《おんな》の子《こ》」のイメージとまったく同《おな》じ人《ひと》たちばかりかな？「男《おとこ》の子《こ》らしくあること」や「女《おんな》の子《こ》らしくあること」ってなんだろう？

考《かんが》えてみよう！

- 「男《おとこ》の子《こ》はこう」とか「女《おんな》の子《こ》はこう」などとみんなが思《おも》っているすがたとちがうのはおかしいことなのかな？
- 「男《おとこ》らしい」「女《おんな》らしい」は必要《ひつよう》なことだと思《おも》う？

性別《せいべつ》はどうして「男《おとこ》」と「女《おんな》」に分《わ》けられているの？

性別《せいべつ》と聞《き》くと、どんなことを想像《そうぞう》する？

きっと、多《おお》くの人《ひと》が「男性《だんせい》」と「女性《じょせい》」のふたつの性《せい》を思《おも》いうかべるかもしれないね。

みんながすごしている学校《がっこう》や社会《しゃかい》には男性《だんせい》と女性《じょせい》、ふたつの性別《せいべつ》で分《わ》けられているものがたくさんあるよ。

男女《だんじょ》で分《わ》けられているもの

トイレや更衣室《こういしつ》

制服《せいふく》

よばれかた、よびかた

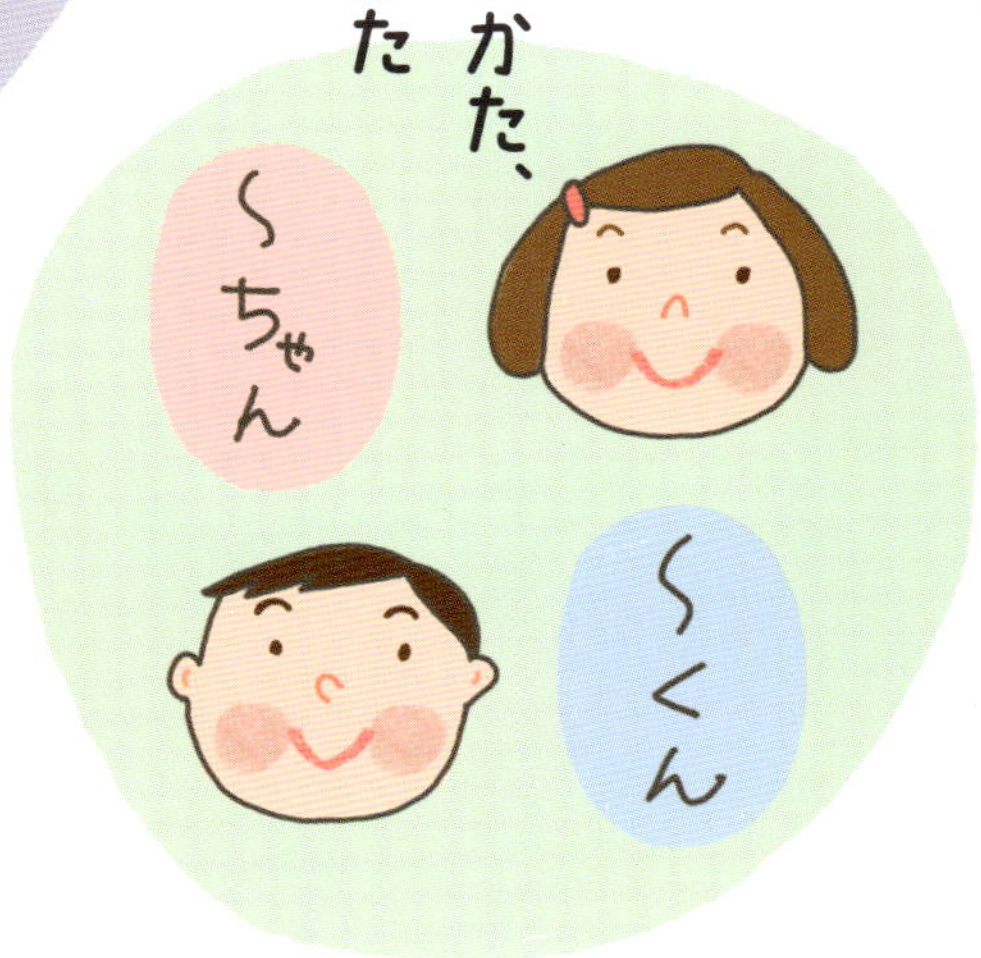

書類《しょるい》の性別《せいべつ》を書《か》くところ

クラブ、部活《ぶかつ》

席順《せきじゅん》、列《れつ》のならびかた

かみがた

男《おとこ》の子《こ》と女《おんな》の子《こ》では体《からだ》のつくりがちがう

男女《だんじょ》の大《おお》きなちがいは、体《からだ》のつくり。生《う》まれたときに、「男性《だんせい》」と「女性《じょせい》」のどちらの体《からだ》のつくりをしているかで性別《せいべつ》が分《わ》けられるんだ。

また、体《からだ》のつくりは、目《め》には見《み》えていない体《からだ》のなかにも男女《だんじょ》でちがいがあるんだよ。

こういった体《からだ》のちがいを**「体《からだ》の性《せい》」**というんだ。

体《からだ》の性《せい》は、大人《おとな》になるにつれて、男女《だんじょ》でますますちがいが出《で》てくるよ。

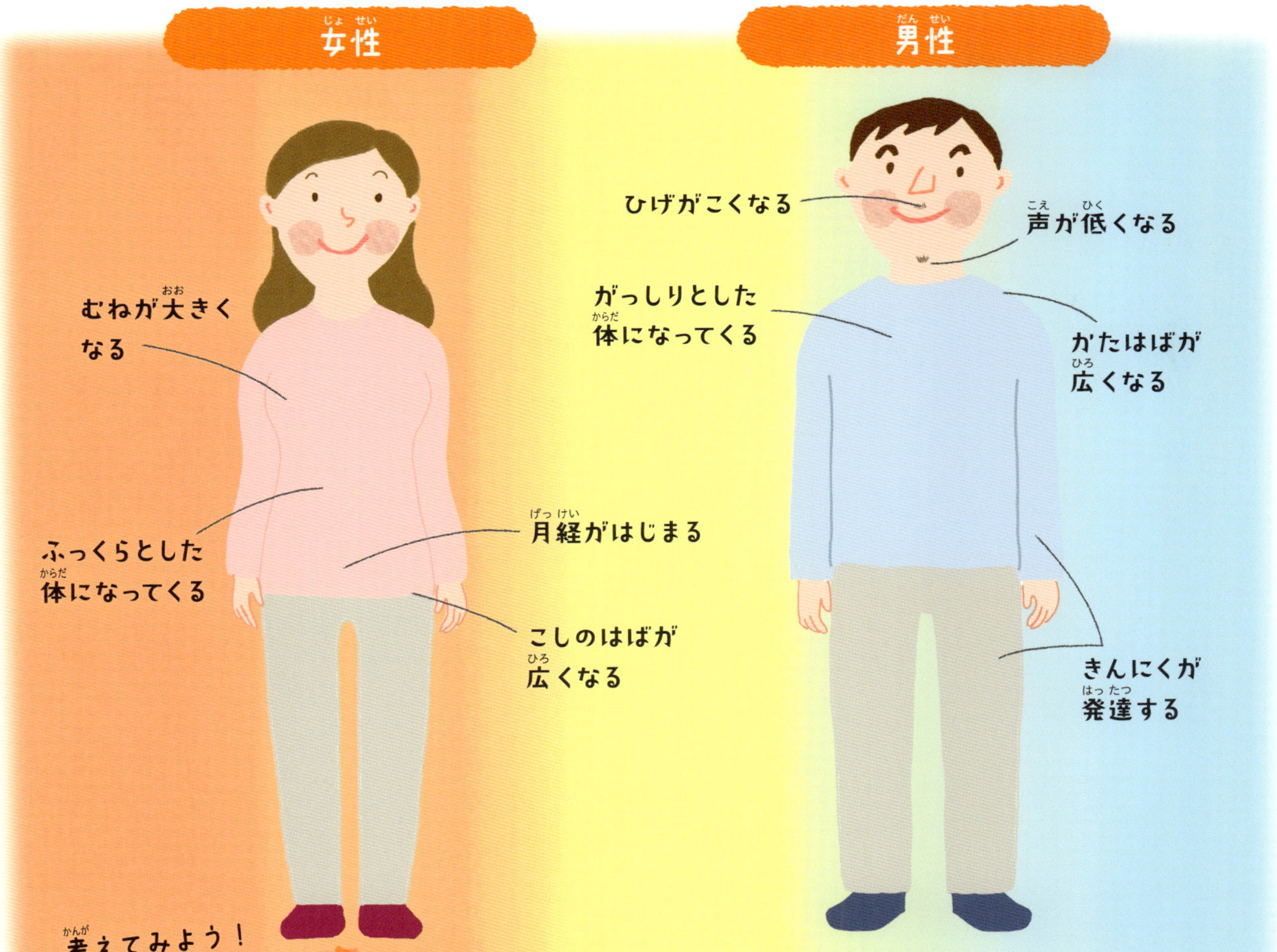
女性《じょせい》
むねが大《おお》きくなる
ふっくらとした体《からだ》になってくる
月経《げっけい》がはじまる
こしのはばが広《ひろ》くなる
男性《だんせい》
ひげがこくなる
声《こえ》が低《ひく》くなる
がっしりとした体《からだ》になってくる
かたはばが広《ひろ》くなる
きんにくが発達《はったつ》する

考《かんが》えてみよう！

- あなたの体《からだ》の性《せい》はどうかな？
- ほかの人《ひと》とちがうところはあるかな？

性《せい》別《べつ》って体《からだ》の性《せい》だけで決《き》められるの？

性《せい》別《べつ》は、体《からだ》のちがいがあるだけでなく、心《こころ》にもちがいがあるんだよ。

自《じ》分《ぶん》自《じ》身《しん》の性《せい》別《べつ》を心《こころ》がどう感《かん》じているかを**「心《こころ》の性《せい》」**というんだ。

心《こころ》の性《せい》は「自《じ》分《ぶん》は男《おとこ》の子《こ》である」とか「自《じ》分《ぶん》は女《おんな》の子《こ》と思《おも》う」というように、自《じ》分《ぶん》が自《じ》分《ぶん》をどう思《おも》っているかで決《き》まるよ。

わたしは、自《じ》分《ぶん》のことを女《おんな》の子《こ》だと思《おも》っているよ。

この場《ば》合《あい》、心《こころ》の性《せい》は女《じょ》性《せい》だよ。

おれは自《じ》分《ぶん》のことを男《おとこ》だと思《おも》っているよ。
1
2
3
4
5
6

この場《ば》合《あい》、心《こころ》の性《せい》は男《だん》性《せい》だよ。

考《かんが》えてみよう！

- 自《じ》分《ぶん》の心《こころ》の性《せい》はなんだと思《おも》う？
- それはどうして？

体《からだ》の性《せい》が男《おとこ》の子《こ》なら心《こころ》の性《せい》も男《おとこ》の子《こ》？

みんなのまわりには体《からだ》の性《せい》と心《こころ》の性《せい》が同《おな》じ人《ひと》がたくさんいるかもしれないね。

でも、体《からだ》の性《せい》と心《こころ》の性《せい》は、かならず同《おな》じというわけではないんだよ。体《からだ》の性《せい》が男性《だんせい》か、女性《じょせい》かで心《こころ》の性《せい》は決《き》められないんだ。

ぼくは自分《じぶん》のことを本当《ほんとう》は女《おんな》の子《こ》だと思《おも》っているよ。

体《からだ》の性《せい》が男性《だんせい》でも心《こころ》の性《せい》が女性《じょせい》の場合《ばあい》もあるよ。

わたしは男《おとこ》の子《こ》だよ。体《からだ》が女《おんな》の子《こ》でも、絶対《ぜったい》に自分《じぶん》は男《おとこ》の子《こ》だと思《おも》ってる。
ABC

体《からだ》の性《せい》が女性《じょせい》でも心《こころ》の性《せい》が男性《だんせい》の場合《ばあい》もあるんだね。

体《からだ》の性《せい》にかかわらず、心《こころ》の性《せい》が、男性《だんせい》か女性《じょせい》のどちらかに決《き》まっていない人《ひと》もいるよ。

わたしは、自分《じぶん》のことを男《おとこ》の子《こ》か女《おんな》の子《こ》かどちらかには決《き》められないよ。
?

考《かんが》えてみよう！

体《からだ》の性《せい》だけでは男女《だんじょ》は決《き》められないのかな？

体《からだ》の性《せい》と心《こころ》の性《せい》がちがうとどんな気《き》持《も》ちになるの？

わたしたちのまわりには、「体《からだ》の性《せい》」と「心《こころ》の性《せい》」が同《おな》じという人《ひと》が多《おお》くいるから、それが「当《あ》たり前《まえ》」のことと思《おも》われているかもしれないね。

でも、実際《じっさい》には「体《からだ》の性《せい》」と「心《こころ》の性《せい》」がちがう人《ひと》もいるんだ。

体《からだ》の性《せい》と心《こころ》の性《せい》がことなると、自分《じぶん》の性《せい》に違和感《いわかん》を覚《おぼ》えるよ。

自分《じぶん》の体《からだ》じゃないみたい。
男《おとこ》の子《こ》の体《からだ》をしてるけど女《おんな》の子《こ》にもどりたいって思《おも》うんだ。
違《い》和《わ》感《かん》
どうして自分《じぶん》は男《おとこ》の子《こ》の体《からだ》をしているの？
男《おとこ》の子《こ》の体《からだ》の自分《じぶん》が本当《ほんとう》にいやだ。

体《からだ》の性《せい》と心《こころ》の性《せい》が同《おな》じじゃないと感《かん》じている人《ひと》

体《からだ》の性《せい》と心《こころ》の性《せい》が同《おな》じでないため、自分《じぶん》の体《からだ》の性《せい》に違和感《いわかん》をもっている人《ひと》のことを**トランスジェンダー**というんだ。

たとえば、「体《からだ》の性《せい》」は男性《だんせい》で「心《こころ》の性《せい》」が女性《じょせい》、もしくは「体《からだ》の性《せい》」は女性《じょせい》で「心《こころ》の性《せい》」が男性《だんせい》と感《かん》じている人《ひと》のことだよ。

トランスジェンダーの人《ひと》は、自分《じぶん》の体《からだ》が自分《じぶん》のものでないようなしっくりとこない感覚《かんかく》があるんだ。

体《からだ》の性《せい》が男性《だんせい》で心《こころ》の性《せい》が女性《じょせい》の場合《ばあい》はＭＴＦ《エムティーエフ》とよばれたり、トランスウーマンやトランスガールとよばれることもあるよ。

AB

体《からだ》の性《せい》が女性《じょせい》で心《こころ》の性《せい》が男性《だんせい》の場合《ばあい》はＦＴＭ《エフティーエム》とよばれたり、トランスマンやトランスボーイとよばれることもあるよ。

体《からだ》の性《せい》と心《こころ》の性《せい》が同《おな》じだと思《おも》っている人《ひと》

「体《からだ》の性《せい》」と「心《こころ》の性《せい》」が同《おな》じだと感《かん》じている人《ひと》は**シスジェンダー**というよ。

体《からだ》の性《せい》と心《こころ》の性《せい》が同《おな》じなのかわからなかったり、決《き》まっていない人《ひと》

心《こころ》の性《せい》が男女《だんじょ》どちらかに決《き》まっていない人《ひと》のことを**X《エックス》ジェンダー**というよ。

X《エックス》ジェンダーの人《ひと》は、「男性《だんせい》でも女性《じょせい》でもある」「どちらでもない」「その時々《ときどき》で男性《だんせい》と感《かん》じたり、女性《じょせい》と感《かん》じたりする」など、感《かん》じかたはいろいろだよ。

体《からだ》の性《せい》と心《こころ》の性《せい》が同《おな》じじゃないと気《き》づいたのはいつごろ？

トランスジェンダーの人《ひと》が、自分自身《じぶんじしん》の性別《せいべつ》に違和感《いわかん》を覚《おぼ》えはじめる時期《じき》は、人《ひと》それぞれだよ。医療施設《いりょうしせつ》をおとずれる人《ひと》の多《おお》くは、物心《ものごころ》ついたころから、自分《じぶん》の性別《せいべつ》に対《たい》して違和感《いわかん》を覚《おぼ》えたりして、ほとんどが中学生《ちゅうがくせい》までに自覚《じかく》をしているんだ。

自分《じぶん》の性別《せいべつ》に対《たい》して違和感《いわかん》を自覚《じかく》しはじめた時期《じき》

	全体《ぜんたい》	MTF《エムティーエフ》（体《からだ》の性《せい》が男性《だんせい》、心《こころ》の性《せい》が女性《じょせい》）	FTM《エフティーエム》（体《からだ》の性《せい》が女性《じょせい》、心《こころ》の性《せい》が男性《だんせい》）
小学校入学以前《しょうがっこうにゅうがくいぜん》	56.6%	33.6%	70.0%
小学校低学年《しょうがっこうていがくねん》	13.5%	15.5%	12.4%
小学校高学年《しょうがっこうこうがくねん》	9.9%	13.0%	8.0%
中学生《ちゅうがくせい》	9.7%	17.2%	5.3%
高校生以降《こうこうせいいこう》	7.9%	17.9%	2.0%
不明《ふめい》	2.4%	2.8%	2.3%

出典《しゅってん》／中塚幹也《なかつかみきや》「封《ふう》じ込《こ》められた子《こ》ども、その心《こころ》を聴《き》く　性同一性障害《せいどういつせいしょうがい》の生徒《せいと》に向《む》き合《あ》う」

見《み》た目《め》だけではわからない？

まわりの人《ひと》からは、体《からだ》の性《せい》で
「男《おとこ》の子《こ》」か「女《おんな》の子《こ》」か判断《はんだん》されることが多《おお》いよね。
だけど、心《こころ》の性《せい》は見《み》た目《め》だけではわからない。
トランスジェンダーの人《ひと》にとって、まわりの人《ひと》から
体《からだ》の性《せい》だけで性別《せいべつ》を判断《はんだん》されることや、
体《からだ》の性《せい》に合《あ》わせた「男《おとこ》らしさ」「女《おんな》らしさ」を
求《もと》められることはとても苦《くる》しいことなんだ。

わたしは、小《ちい》さいころから
自分《じぶん》のことは男《おとこ》だと思《おも》っていたの。
だから、かわいい服《ふく》もいやだし、
スカートなんて絶対《ぜったい》はきたくなかった。
なのに、「女《おんな》の子《こ》だから」っていつも
スカートやリボンのついた服《ふく》を着《き》せられて。
スカートをはいている自分《じぶん》なんて、
本当《ほんとう》に大《だい》きらいだった。
わたしはいつ、
男《おとこ》の子《こ》に
なれるのかなって
思《おも》っていたよ。

クリスマスや誕生日《たんじょうび》などにもらう
プレゼントは、いつも男《おとこ》の子《こ》用《よう》の
おもちゃだった。
本当《ほんとう》はね、妹《いもうと》がもらっていたような
かわいい人形《にんぎょう》やままごとセットが
ほしかったの。
「男《おとこ》の子《こ》だから」って、
買《か》ってもらえなくて
いつも悲《かな》しかったな。

自分《じぶん》では、自分《じぶん》のことを
男《おとこ》だって思《おも》っているんだ。
だから、まわりに
「女《おんな》らしくしなさい！」とか
「女《おんな》の子《こ》らしい服《ふく》を着《き》なさい！」
とかいわれても絶対《ぜったい》に着《き》たくない！
男《おとこ》の服《ふく》を着《き》て、男《おとこ》の子《こ》だと
思《おも》われたい！

お兄《にい》ちゃんとケンカして、
泣《な》いていると、いつも
「男《おとこ》のくせに泣《な》くな」って
言《い》われてた。
自分《じぶん》は女《おんな》の子《こ》だと思《おも》ってたから、
「男《おとこ》のくせに」っていわれるたびに、
悲《かな》しくてよけいに
なみだが出《で》てきたよ。

考《かんが》えてみよう！

あなたは、性別《せいべつ》が理由《りゆう》で
悲《かな》しい思《おも》いをしたことは
あるかな？

実《じつ》は、体《からだ》の性《せい》も心《こころ》の性《せい》も、「男女《だんじょ》」※の
ふたつのどちらかに分《わ》けられるものではないんだ。
男《おとこ》の子《こ》でも、女《おんな》の子《こ》でも、
ひとりひとりの体《からだ》の特徴《とくちょう》はちがうよね。
心《こころ》の感《かん》じかただって、人《ひと》それぞれ。
自分《じぶん》を「男《おとこ》だと思《おも》う」のか
「女《おんな》だと思《おも》う」のかにも、
ひとりひとりでちがいがあるんだよ。

ぼくは、力《ちから》も強《つよ》くて、見《み》た目《め》は
男《おとこ》らしいと、よく言《い》われるよ。でも、
かわいらしいものが好《す》きだったり、
女《おんな》の子《こ》の気持《きも》ちもよくわかるんだ。

おれは、はだも白《しろ》くて、
きれいだねって
言《い》われることもあるよ。でも、
自分《じぶん》では自分《じぶん》を男《おとこ》だと思《おも》うし、
かっこいい男子《だんし》でありたいなって
思《おも》っているんだ。

体《からだ》も心《こころ》もいろいろ

わたしは、
背《せ》が小《ちい》さいから、
かわいらしい服装《ふくそう》が
似合《にあ》うの。
女《おんな》の子《こ》らしい自分《じぶん》に
なりたいなって
思《おも》っているの。

わたしは、背《せ》が高《たか》くて
スラリとしているから、
かっこいい服《ふく》も似合《にあ》うんだ。
男《おとこ》らしくとか、女《おんな》らしくとか
関係《かんけい》なく、自分《じぶん》らしくいたいな。

※性分化疾患《せいぶんかしっかん》といって、
生《う》まれたときに、体《からだ》の特徴《とくちょう》で
男性《だんせい》か女性《じょせい》のどちらかには
分《わ》けられない人《ひと》もいるよ。

体《からだ》の性《せい》や心《こころ》の性《せい》とちがう自分《じぶん》を表現《ひょうげん》したい

体《からだ》の性《せい》や心《こころ》の性《せい》とは別《べつ》に、自分《じぶん》をどのように表現《ひょうげん》するかで分《わ》けられる性《せい》もあるよ。それを**「表現《ひょうげん》する性《せい》」**というんだ。

ズボンやスカートなど、服《ふく》はなにを選《えら》ぶのか、かみがたは短《みじか》くするのか、長《なが》くするのか、「わたし」「ぼく」「おれ」など自分《じぶん》のことをなんてよぶのかなど、さまざまな表現《ひょうげん》のしかたがあるよね。

男《おとこ》の子《こ》の表現《ひょうげん》する性《せい》は、必《かなら》ず男《おとこ》の子《こ》？

男《おとこ》の子《こ》は男《おとこ》の子《こ》らしい表現《ひょうげん》を、女《おんな》の子《こ》は女《おんな》の子《こ》らしい表現《ひょうげん》を、と決《き》まっていると思《おも》う？

実《じつ》は、表現《ひょうげん》する性《せい》は、体《からだ》の性《せい》や心《こころ》の性《せい》と、必《かなら》ず同《おな》じというわけではないんだよ。体《からだ》の性《せい》に合《あ》わせた表現《ひょうげん》をする人《ひと》もいるけれど、心《こころ》の性《せい》に合《あ》わせた表現《ひょうげん》をする人《ひと》もいるんだ。また、体《からだ》の性《せい》と心《こころ》の性《せい》が同《おな》じでも、表現《ひょうげん》する性《せい》が、それとはちがう人《ひと》もいるよね。

かわいい男《おとこ》の子《こ》もいいよね！
体《からだ》も心《こころ》も男《おとこ》の子《こ》だよ！ かわいい服《ふく》やかわいいものが大好《だいす》きなんだ！ だってぼくに、似合《にあ》っているでしょ。

女《おんな》らしい服《ふく》も男《おとこ》らしい服《ふく》もどっちも好《す》き！
特《とく》に考《かんが》えたことないけれど、スカートやかわいらしいものをよく着《き》るかな。でも、たまにかっこいい感《かん》じの服《ふく》を着《き》ることもあるよ。

かっこいい自分《じぶん》でいたいな。
自分《じぶん》は女《おんな》の子《こ》だって思《おも》っているけど、女《おんな》の子《こ》の服《ふく》より、男《おとこ》の子《こ》の服《ふく》のほうが好《す》きなんだ！ だってかっこいいし！ それが自分《じぶん》らしいって思《おも》っているよ。

本当《ほんとう》は男《おとこ》の子《こ》の服《ふく》が着《き》たい。
体《からだ》が女《おんな》の子《こ》でも、自分《じぶん》のことを男《おとこ》だって思《おも》っているから、男《おとこ》らしくしたいけど、まわりからなんて言《い》われるかこわくて……。

考《かんが》えてみよう！

- あなたの表現《ひょうげん》する性《せい》はどう？
- あなたは個《こ》「性《せい》」を表現《ひょうげん》できている？

自分《じぶん》らしさは人《ひと》それぞれ

自分《じぶん》や、友《とも》だち、家族《かぞく》、まわりの人《ひと》を見《み》てみよう。
似《に》ているところはある？　ちがうところは？
似《に》ているところも、ちがうところも
いろいろあるかもしれない。でも、だれかと
全部《ぜんぶ》が同《おな》じという人《ひと》はどこにもいないはず。
人《ひと》はそれぞれ、顔《かお》や、体《からだ》、服装《ふくそう》や話《はな》しかた、
考《かんが》えていることもさまざまなんだ。
人《ひと》はちがって当《あ》たり前《まえ》。
ひとりひとりの、個《こ》「性《せい》」があるんだ。
「男《おとこ》の子《こ》らしい」「女《おんな》の子《こ》らしい」じゃなくて、
「自分《じぶん》らしい」「その人《ひと》らしい」が大切《たいせつ》だね。

もっと知《し》り太い

おしえて、先生《せんせい》！

～さまざまな性《せい》のふしぎ～

ここまで、いろいろな性《せい》のありかたについてしょうかいしてきたよ。
みんなの疑問《ぎもん》も中塚先生《なかつかせんせい》に聞《き》いてみよう！
さまざまな性《せい》のありかたについて知《し》ることで、
理解《りかい》を深《ふか》められるといいね。

みんな治療《ちりょう》したり手術《しゅじゅつ》したりするの？

トランスジェンダーの人《ひと》はみんな、将来《しょうらい》、自分《じぶん》のなりたい性《せい》になるために体《からだ》の手術《しゅじゅつ》や治療《ちりょう》をするの？

全員《ぜんいん》が必《かなら》ず手術《しゅじゅつ》や治療《ちりょう》をするとはかぎりません。また、トランスジェンダーの子《こ》どもに対《たい》しては、すぐに治療《ちりょう》をはじめるのでなく、こまっていることの支援《しえん》をします。体《からだ》の性《せい》へ違和感《いわかん》が見《み》られたら、一時的《いちじてき》に思春期《ししゅんき》の体《からだ》の変化《へんか》をとめておき、そのあと、どうするかを慎重《しんちょう》に決《き》めていきます。

性別《せいべつ》に違和感《いわかん》を覚《おぼ》えるのは思春期《ししゅんき》だから？

わたしは自分《じぶん》が女《おんな》の子《こ》だと言《い》われることに違和感《いわかん》をもっているんだけど、お母《かあ》さんには、「思春期《ししゅんき》だからよ」「一時的《いちじてき》なものだよ」って言《い》われたよ。大人《おとな》になったら自然《しぜん》と違和感《いわかん》はなくなるの？

たしかに、思春期《ししゅんき》になると、自分《じぶん》の性別《せいべつ》に対《たい》して違和感《いわかん》を覚《おぼ》えたり、気持《きも》ちが変化《へんか》することがあります。また、実際《じっさい》に違和《いわ》感《かん》が一時的《いちじてき》なもので、最終的《さいしゅうてき》にトランスジェンダーではなかった例《れい》もあります。しかし、それが必《かなら》ずしも、「思《おも》いこみ」や「今《いま》だけのもの」と考《かんが》えるのはまちがいです。心《こころ》がゆれている時《じ》期《き》でも、こまっているようであれば支援《しえん》をしていく必要《ひつよう》があります。

心《こころ》の性《せい》は変《か》えられないの？

体《からだ》の手術《しゅじゅつ》や治療《ちりょう》はなんだか大変《たいへん》そう……。治療《ちりょう》したり、説得《せっとく》したりして心《こころ》の性《せい》を変《か》えたほうがいいんじゃないの？

治療《ちりょう》や説得《せっとく》をしても、心《こころ》の性《せい》を変《か》えることはできません。心《こころ》の性《せい》を無理《むり》に変《か》えようとすると、その人自身《ひとじしん》を否定《ひてい》することにつながり、よけいに苦《くる》しい思《おも》いをさせてしまいます。本人《ほんにん》が望《のぞ》み、準備《じゅんび》が整《ととの》えば、体《からだ》の性《せい》を心《こころ》の性《せい》に合《あ》わせるための治療《ちりょう》がおこなわれます。

途中《とちゅう》でトランスジェンダーになることもある？

なんだか最近《さいきん》、自分《じぶん》が男《おとこ》だということに違和感《いわかん》があるんだ。前《まえ》まではそんなことなかったんだけど……。

性別《せいべつ》に違和感《いわかん》を覚《おぼ》えはじめる時期《じき》は人《ひと》それぞれです。年《ねん》れいが上《あ》がり、男女別《だんじょべつ》に活動《かつどう》することが多《おお》くなってきてから、違和《いわ》感《かん》に気《き》づき始《はじ》めることもあります。また、強《つよ》い違和感《いわかん》をもつかどうかは、環境《かんきょう》やその人《ひと》の感受性《かんじゅせい》などによってもちがいます。

ピンクの好《ず》きな友《とも》だちはトランスジェンダー？

そういえば、ぼくの友《とも》だちにもピンク色《いろ》やかわいいものが好《す》きな男《おとこ》の子《こ》がいるよ！その子《こ》もトランスジェンダーなのかな？

その人《ひと》の見《み》た目《め》や好《す》きなものだけで、トランスジェンダーかどうかは判断《はんだん》できません。トランスジェンダーでなくても、ピンク色《いろ》やかわいいものが好《す》きな男《おとこ》の子《こ》はたくさんいます。

話《はな》しかたはみんなおネエ言葉《ことば》？

MTF《エムティーエフ》の人《ひと》って、女《おんな》の人《ひと》になりたいんだよね。じゃあ、話《はな》しかたとかもテレビでよく見《み》るようにみんなおネエ言葉《ことば》みたいになるのかな？

すべてのMTF《エムティーエフ》の人《ひと》が、テレビで見《み》るような言葉《ことば》づかいで話《はな》すわけではありません。また、MTF《エムティーエフ》の人《ひと》でなくても、おネエ言葉《ことば》といわれるような言葉《ことば》で話《はな》す人《ひと》もいます。

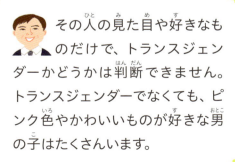

トランスジェンダーと性同一性障害《せいどういつせいしょうがい》って同《おな》じ？

テレビで、「性同一性障害《せいどういつせいしょうがい》」について見《み》たことがあるんだけど、その人《ひと》たちも体《からだ》と心《こころ》の性《せい》がちがうって言《い》ってたよ。トランスジェンダーと同《おな》じなのかな？

体《からだ》の性《せい》と心《こころ》の性《せい》が同《おな》じではない人《ひと》をトランスジェンダーとよびます。そのなかで、心《こころ》の性《せい》に体《からだ》の性《せい》を合《あ》わせたいと思《おも》い、病院《びょういん》などを受診《じゅしん》した人《ひと》が医師《いし》から言《い》われる診断《しんだん》名《めい》が「性同一性障害《せいどういつせいしょうがい》」です。

戸籍《こせき》は変《か》えられるの？

健康保険証《けんこうほけんしょう》やパスポートの性別《せいべつ》とかも自分《じぶん》の望《のぞ》む性別《せいべつ》に変《か》えられるのかな？

健康保険証《けんこうほけんしょう》などの性別《せいべつ》は戸《こ》籍《せき》の性別《せいべつ》と大《おお》きく関《かか》わっています。戸籍上《こせきじょう》の性別《せいべつ》の変更《へんこう》は、2004年《ねん》から可能《かのう》になりましたが、いろいろな決《き》まりがあり課題《かだい》も残《のこ》っています。

[条件《じょうけん》]

1. ※20歳以上《さいいじょう》
2. 結婚《けっこん》していない
3. 未成年《みせいねん》の子《こ》どもがいない
4. 手術《しゅじゅつ》をして自然《しぜん》に子《こ》どもがつくれない状態《じょうたい》になっている
5. 変《か》えたい性別《せいべつ》の性器《せいき》と似《に》ている見《み》た目《め》になっている

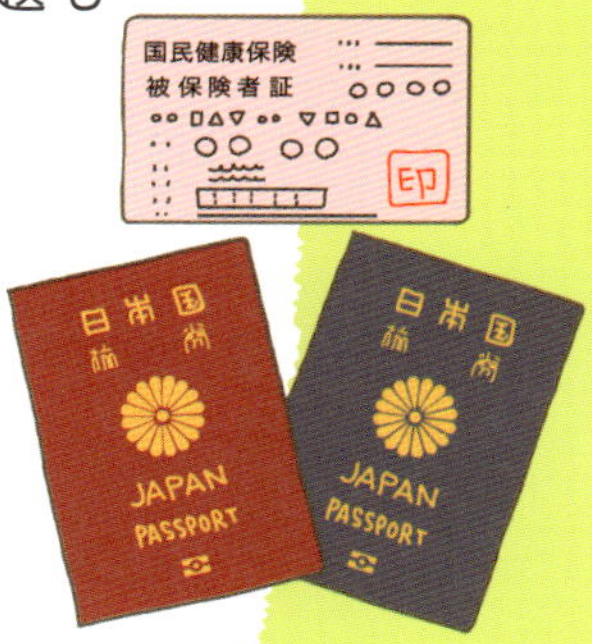

※法律《ほうりつ》で成人年齢《せいじんねんれい》が「18歳《さい》」に変《か》わる見直《みなお》しがされているので、戸籍上《こせきじょう》の性別《せいべつ》の変更《へんこう》の条件《じょうけん》も「18歳《さい》」に改《あらた》められる見込《みこ》み。

好《す》きになる人《ひと》も同《おな》じ性別《せいべつ》の人《ひと》？

お姉《ねえ》ちゃんから聞《き》いたんだけど、トランスジェンダーの人《ひと》って、好《す》きになるのも、自分《じぶん》の体《からだ》の性別《せいべつ》と同《おな》じ性別《せいべつ》の人《ひと》なんだよね？

よく誤解《ごかい》をされていますが、トランスジェンダーだから必《かなら》ず体《からだ》の性《せい》が同《おな》じ人《ひと》を好《す》きになるというのはまちがいです。「自分《じぶん》の性別《せいべつ》をどう思《おも》うか」と「どの性別《せいべつ》の人《ひと》を好《す》きになるか」はまったく別《べつ》の話《はなし》です。どの性別《せいべつ》の人《ひと》を好《す》きになるかについては2章《しょう》で学《まな》んでいきましょう。

2章《しょう》

気《き》になるのは、異《い》性《せい》とはかぎらない？

わたしは好《す》きな人《ひと》といると、むねが苦《くる》しくなるけど、
友《とも》だちは、好《す》きな人《ひと》といると、楽《たの》しくてしかたないみたい。
恋《こい》する相手《あいて》もひとりひとり、ちがうよね。
好《す》きって気持《きも》ちにもいろいろあるのかな？

わたしは男性《だんせい》アイドルより女優《じょゆう》が好《す》き！

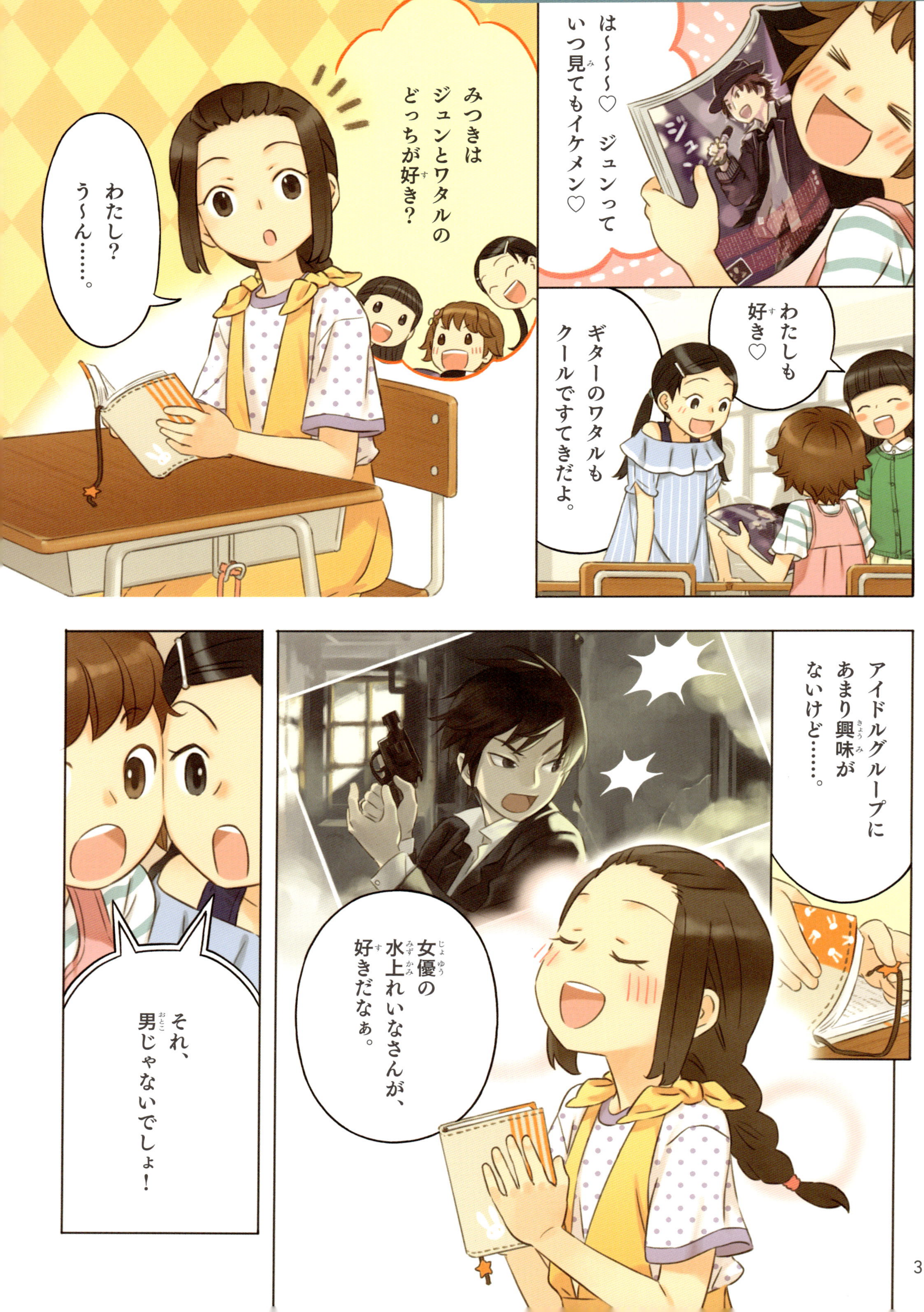

ふつう、女《おんな》の子《こ》はかっこいい男《おとこ》の子《こ》が好《す》きでしょ？

ほらカッコいい！

でも、れいなってかっこいいから、
あこがれる気持《きも》ち、わかるなー。あんな大人《おとな》になれるといいよね。

あこがれ？

ちょっとちがうような……。れいなさんのことを考《かんが》えるとむねが苦《くる》しくなる、この気持《きも》ち、なんだろう……。

そうだ！その女優《じょゆう》さん、レズビアンのうわさがあるって、お姉《ねえ》ちゃんが言《い》ってたよ。

レズビアンってなに？

女《おんな》の人《ひと》だけど、女《おんな》の人《ひと》が好《す》きなことだってお姉《ねえ》ちゃんが言《い》ってた。

みつきみたいだね！

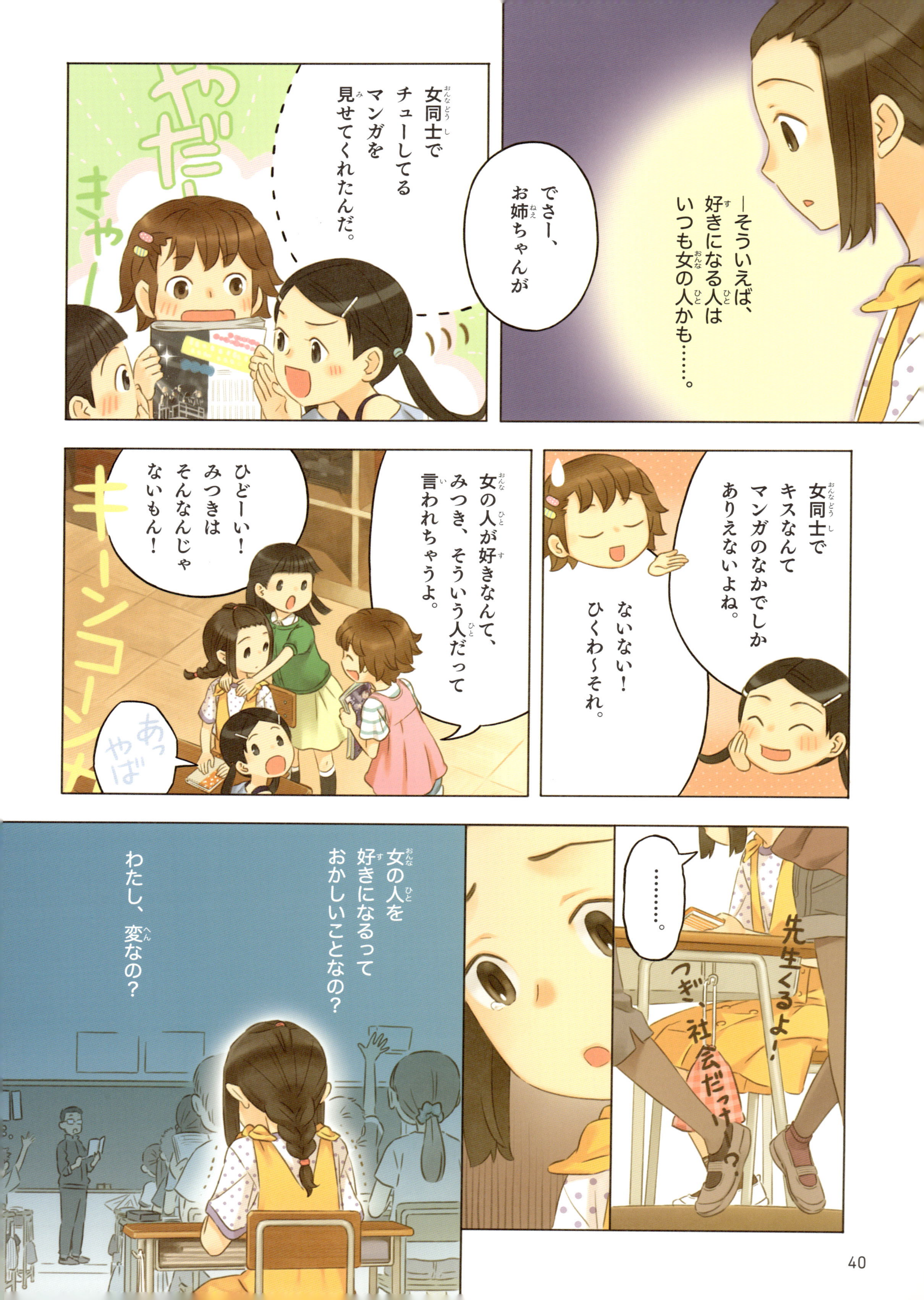
―そういえば、
好《す》きになる人《ひと》は
いつも女《おんな》の人《ひと》かも……。
でさー、
お姉《ねえ》ちゃんが
女同士《おんなどうし》で
チューしてる
マンガを
見《み》せてくれたんだ。
やだー
きゃー
女同士《おんなどうし》で
キスなんて
マンガのなかでしか
ありえないよね。
ないない！
ひくわ～それ。
女《おんな》の人《ひと》が好《す》きなんて、
みつき、そういう人《ひと》だって
言《い》われちゃうよ。
ひどーい！
みつきは
そんなんじゃ
ないもん！
キーンコーン
あっ
やば
………。
先生くるよ！
つぎ、社会だっけ？
女《おんな》の人《ひと》を
好《す》きになるって
おかしいことなの？
わたし、変《へん》なの？

女《おんな》の子《こ》が好《す》きかもしれないと気《き》づいた、みつきさん。
それっておかしいことなのかな？
みつきさんや、まわりの人《ひと》はどう思《おも》ったのかな？

みんなの気《き》持《も》ち

女《おんな》の子《こ》はかっこいい 男《おとこ》の子《こ》が好《す》きなはず！

わたしも、まわりの女《おんな》の子《こ》も、みんなアイドルや、男子《だんし》の話《はなし》をしてもりあがることが多《おお》いんだ。イケメンを見《み》て、かっこいいって思《おも》わないなんてありえないよ！ みつきだって、男《おとこ》の子《こ》をよく見《み》てないだけで、ちゃんと男《おとこ》の子《こ》を好《す》きになるはず！

？ どうして、「女《おんな》の子《こ》は男《おとこ》の子《こ》を好《す》きになる」って決《き》まっていると思《おも》うの？

まわりに いないし 信《しん》じられない

マンガのなかでは、女《おんな》の子《こ》同士《どうし》の恋《こい》もすてきな話《はなし》だったけど、つくり話《ばなし》だし。テレビやマンガのなかだけの話《はなし》でしょ？ わたしのまわりにはそんな人《ひと》いたことないし、信《しん》じられないよね。

？ 本当《ほんとう》にまわりにはいないのかな？

好《す》きなんて かんちがい じゃない？

わたしも好《す》きな女優《じょゆう》さんや、近所《きんじょ》の高校生《こうこうせい》のお姉《ねえ》ちゃんを見《み》てすてきだなって思《おも》うけど……。それは男《おとこ》の子《こ》にたいしてドキドキしちゃうような好《す》きって気持《きも》ちではないでしょ？ みつきは好《す》きって気持《きも》ちをかんちがいしているんじゃないかな。

？ かんちがいだって、どうしてわかるのかな？

まわりの子《こ》が、好《す》きな男《おとこ》の子《こ》の話《はなし》をしても気持《きも》ちがわからなかったの。でも、ほかの女《おんな》の子《こ》が男《おとこ》の子《こ》にドキドキしているみたいに、わたしは女《おんな》の人《ひと》にドキドキするみたい。もしかして、わたしってふつうじゃないのかな。

考《かんが》えてみよう！

- あなたがみつきさんだったらどうする？
- みつきさんの友《とも》だちだったらどう思《おも》うかな？
- 女《おんな》の子《こ》は必《かなら》ず、男《おとこ》の子《こ》を好《す》きになるのかな？

あっ！
しょう兄《にい》ちゃん！しおり姉《ねえ》ちゃん！
お、しんご久《ひさ》しぶり！
わあ♪しんごくん！
女《おんな》のセンパイより男《おとこ》のセンパイがあこがれ！
しょう兄《にい》ちゃん中学《ちゅうがく》の制服《せいふく》？かっこいいね！
みんな背《せ》、のびたね。
わたしより高いかもー
さよならー
またねー
しおり姉《ねえ》ちゃん、美人《びじん》だよな。
うん、芸能人《げいのうじん》みたい。
ドキドキしちゃった！

ぼくは制服《せいふく》着《き》たしょう兄《にい》ちゃんにドキドキしたなあ。
しんご〜、おまえも前《まえ》にしおり姉《ねえ》ちゃんが好《す》きって言《い》ってたよな。
あっ、うん。
そうだ、去年《きょねん》の今《いま》ごろ、ぼくはしおり姉《ねえ》ちゃんにドキドキしてたよな。
なんで今《いま》、しょう兄《にい》ちゃんにドキドキしてるんだろう。男《おとこ》じゃん！
あれれ？
しおり姉《ねえ》ちゃん
と
しょう兄《にい》ちゃん？
ぼく、どっちも好《す》きかも！変《へん》かなぁ？
なに、それ、新《あたら》しいギャグネタ？
なんかさ、さっきしょう兄《にい》ちゃんに会《あ》ったら、ドキドキしちゃったんだよね。

男《おとこ》が男《おとこ》を好《す》きになるのは聞《き》いたことあるけどさ、
気《き》のせいじゃないの？男《おとこ》も女《おんな》も両方《りょうほう》好《す》きなんてありえないよ。
そうだよ。ってか、男《おとこ》が男《おとこ》を好《す》きになるってのも本当《ほんとう》かわかんないし。
ははっ
そっかー。そうだよなあ。
……。
ぼくは変《へん》じゃないと思《おも》うよ。
好《す》きになった人《ひと》が、たまたま男《おとこ》だったり女《おんな》だったりしただけでしょ？
それに
だれを好《す》きになってもしんごはしんごだよ。
じゃ、おれたち、じゅくだから。
ぼくはスイミング
バーイ
バイバーイ
ぼくはぼく、か。
ふむっ
♪

男《おとこ》の人《ひと》のことも好《す》きかもしれないしんごさん。
それっておかしいことなのかな？
しんごさんや、まわりの人《ひと》はどう思《おも》ったのかな？

みんなの気持《きも》ち

前《まえ》は女《おんな》の人《ひと》が好《す》きだったよね？

しんごは、前《まえ》は、しおり姉《ねえ》ちゃんのことが好《す》きだったから、女《おんな》の人《ひと》を好《す》きになるはずでしょ？しょう兄《にい》ちゃんはかっこいいから、ひさしぶりに会《あ》って、好《す》きだってかんちがいしたんじゃないかな。

？ 好《す》きな人《ひと》が変《か》わることはよくあるのに、その性別《せいべつ》がちがうことはおかしい？

男子《だんし》は女子《じょし》が好《す》きなはず！

男同士《おとこどうし》が好《す》きになるって、実際《じっさい》、そんな人《ひと》は見《み》たことないし、信《しん》じられないな。みんな、しおり姉《ねえ》ちゃんのことをかわいいって言《い》ってたし、それが当《あ》たり前《まえ》なんじゃないかな。しんごは、じょうだん言《い》ってるだけだよね。

？ 男《おとこ》の子《こ》は女《おんな》の子《こ》を好《す》きになるのが当《あ》たり前《まえ》ってだれが決《き》めたのかな？

だれを好《す》きになってもいいはず

好《す》きな人《ひと》が女《おんな》の人《ひと》でも、男《おとこ》の人《ひと》でも、しんごの中身《なかみ》は変《か》わらないと思《おも》うから、だれを好《す》きになってもいいと思《おも》うんだ。変《へん》だとかギャグだとか言《い》われるのは、おかしいと思《おも》うな。

！ 好《す》きな人《ひと》が変《か》わっても、その人《ひと》が変《か》わるわけではないもんね。

しょう兄《にい》ちゃんにドキドキしたのは、うそじゃないんだよね。前《まえ》にしおり姉《ねえ》ちゃんを好《す》きだったときの気持《きも》ちに似《に》ているんだけど……。ふたりの言《い》うように、かんちがいなのかな？でも、「しんごはしんご」って言《い》ってくれる友《とも》だちもいて少《すこ》し安心《あんしん》したな。

考《かんが》えてみよう！

- あなたがしんごさんだったらどうする？
- しんごさんの友《とも》だちだったらどう思《おも》うかな？
- 男《おとこ》の子《こ》は必《かなら》ず、女《おんな》の子《こ》を好《す》きになるのかな？

「だれかを好《す》きになる」ってどんな気《き》持《も》ち？

あなたはだれかを好《す》きになったことはあるかな？
友《とも》だちや家族《かぞく》、仲《なか》のいい近所《きんじょ》の先《せん》ぱいなど、
まわりに好《す》きな人《ひと》がいるかな？
好《す》きってどんな気《き》持《も》ちなんだろう。
好《す》きな気《き》持《も》ちもきっと人《ひと》それぞれだよね。

友《とも》だちへの好《す》き

いっしょにいて楽《たの》しい

気《き》が合《あ》う

もっと遊《あそ》びたいと思《おも》う

家族《かぞく》への好《す》き

いっしょにいるとあたたかい気《き》持《も》ちになる

こまったときに力《ちから》になってくれる

いろいろしてくれてありがとうと思《おも》う

いっしょにいておちつく

思春期《ししゅんき》になると、友《とも》だちや家族《かぞく》への気持《きも》ちとは少《すこ》しちがう「好《す》き」という感情《かんじょう》がめばえることがあるよ。

好《す》きな人《ひと》を見《み》るとドキドキしたり、むねが苦《くる》しくなったりすることもあるかも。

好《す》きってどんな気持《きも》ちなのかな？

ドキドキする
むねが苦《くる》しくなる
会《あ》えるとうれしい
ほかの人《ひと》と話《はな》しているのを見《み》るとモヤモヤする
名前《なまえ》を聞《き》くとドキッとする
手《て》をつなぎたいと思《おも》う
その人《ひと》にふれたいと思《おも》う

両思《りょうおも》いになったら？

好《す》きな人《ひと》と両思《りょうおも》いになると、とてもすてきだよね。

友《とも》だちと「あの人《ひと》たち、つきあってるんだって」「あのふたりは両思《りょうおも》いなんだよ」って話《はなし》をしたことはある？

両思《りょうおも》いのふたりって聞《き》くと、どんな人《ひと》たちを想像《そうぞう》するかな？

きっと「仲《なか》のよさそうな男《おとこ》の子《こ》と女《おんな》の子《こ》」を思《おも》いうかべる人《ひと》が多《おお》いかもしれないね。

だけど、「男《おとこ》の子《こ》と女《おんな》の子《こ》」だけが両思《りょうおも》いになるのかな？

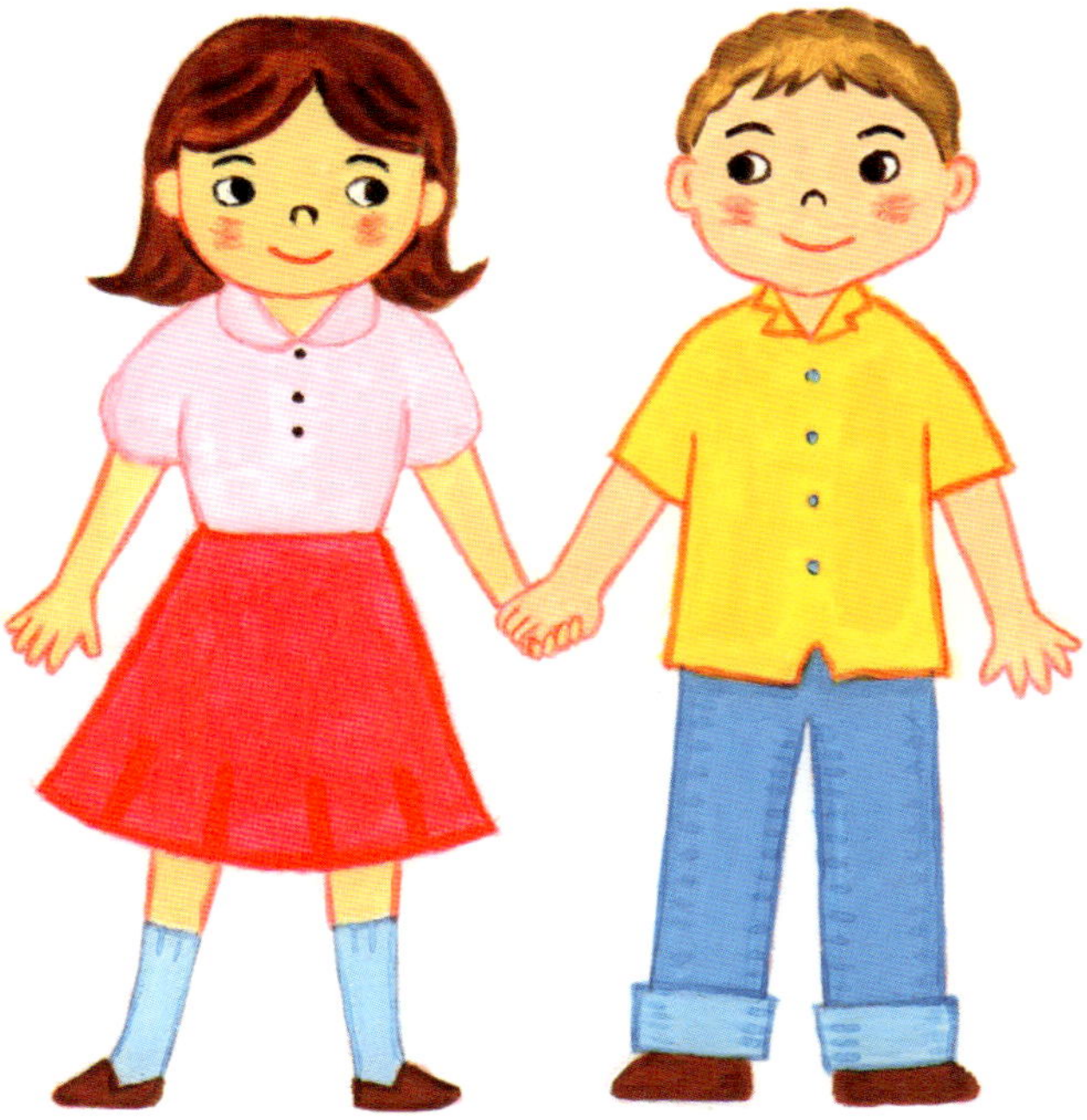

考《かんが》えてみよう！

- 好《す》きになるってどんな気持《きも》ちだと思《おも》う？
- 男《おとこ》の子《こ》は女《おんな》の子《こ》を、女《おんな》の子《こ》は男《おとこ》の子《こ》を必《かなら》ず好《す》きになるのかな？

好《す》きになる人《ひと》の性《せい》別《べつ》は決《き》まっているの？

みんなのまわりや、ドラマやマンガのカップルを見《み》ていると、その多《おお》くが男《だん》女《じょ》のカップルになっているよね。だから、男《おとこ》の子《こ》は女《おんな》の子《こ》を好《す》きになって、女《おんな》の子《こ》は男《おとこ》の子《こ》を好《す》きになるのが当《あ》たり前《まえ》と思《おも》っているかもしれない。でも、必《かなら》ずそうなるというわけではないんだ。

どの性別《せいべつ》の人《ひと》を好《す》きになるかを「好《す》きになる性《せい》」というよ。さまざまな「好《す》きになる性《せい》」のありかたを見《み》てみよう。

自分《じぶん》の心《こころ》の性《せい》とちがう性別《せいべつ》の人《ひと》を好《す》きになる人《ひと》

自分《じぶん》の心《こころ》の性《せい》とはちがう性別《せいべつ》の人《ひと》を好《す》きになることを「異性愛《いせいあい》（ヘテロセクシュアル）」というよ。男性《だんせい》が女性《じょせい》を好《す》きになったり、女性《じょせい》が男性《だんせい》を好《す》きになることだね。ヘテロとはギリシャ語《ご》で「ことなる」という意味《いみ》だよ。

自分《じぶん》の心《こころ》の性《せい》と同《おな》じ性別《せいべつ》の人《ひと》を好《す》きになる人《ひと》

自分《じぶん》の心《こころ》の性《せい》と同《おな》じ性別《せいべつ》の人《ひと》を好《す》きになることを「同性愛《どうせいあい》（ホモセクシュアル）」というよ。男性《だんせい》が男性《だんせい》を好《す》きになったり、女性《じょせい》が女性《じょせい》を好《す》きになることだね。ホモとはギリシャ語《ご》で「同《おな》じ」という意味《いみ》だよ。

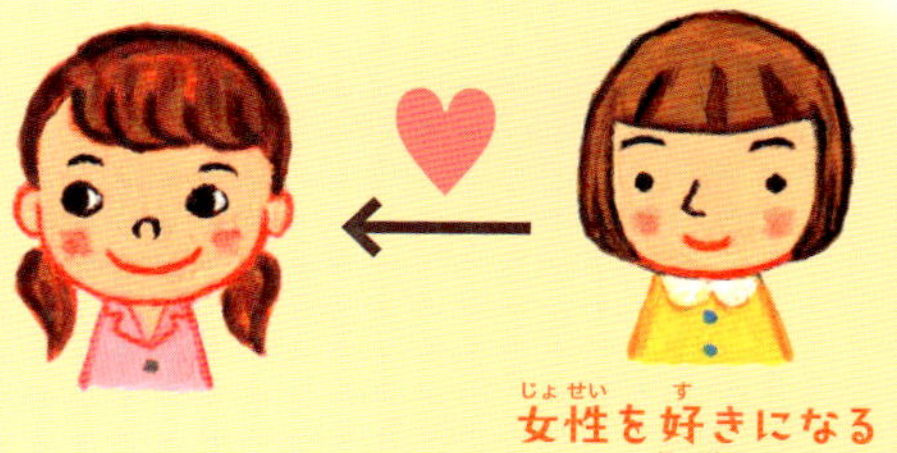

「好《す》きになる性《せい》」は「心《こころ》の性《せい》」を基準《きじゅん》に考《かんが》えるよ。くわしくは、60ページを見《み》てみよう。

男性《だんせい》と女性《じょせい》のどちらの性《せい》の人《ひと》も好《す》きになる人《ひと》

自分《じぶん》の心《こころ》の性別《せいべつ》にかかわらず、どちらの性《せい》の人《ひと》も好《す》きになることを「両性愛《りょうせいあい》（バイセクシュアル）」というよ。男性《だんせい》も女性《じょせい》も好《す》きになることだね。

どちらの性《せい》の人《ひと》を好《す》きになるかわからない人《ひと》

自分《じぶん》の「好《す》きになる性《せい》」がわからなかったり、さがしていたりする人《ひと》のことを「クエスチョニング」※というよ。

そのほかにも、どの性別《せいべつ》の人《ひと》にも恋愛感情《れんあいかんじょう》をもたない無性愛《むせいあい》（アセクシュアル）の人《ひと》や、性別《せいべつ》に関係《かんけい》なくいろいろな人《ひと》を好《す》きになるという意味《いみ》の全性愛《ぜんせいあい》（パンセクシュアル）※の人《ひと》などもいるよ。好《す》きになる性《せい》も、人《ひと》それぞれだね。

※クエスチョニングには、好《す》きになる性《せい》だけでなく、心《こころ》の性《せい》のありかたが決《き》まっていない人《ひと》（X《エックス》ジェンダー）などもふくまれるよ。
※パンセクシュアルの人《ひと》は、男性《だんせい》と女性《じょせい》だけでなく、トランスジェンダーやX《エックス》ジェンダーなどもふくむすべての人《ひと》を好《す》きになるよ。

自分《じぶん》と同《おな》じ性別《せいべつ》の人《ひと》を好《す》きになるってどんなこと？

女《おんな》の子《こ》だけど、クラスの女《おんな》の子《こ》にときめいたり、
男《おとこ》の子《こ》だけど、男《おとこ》の先《せん》ぱいに
ドキドキしたりすることもあるよね。

同性愛《どうせいあい》のなかでも、女性《じょせい》を好《す》きになる
女性《じょせい》のことを「レズビアン」というよ。
よく「レズ」と略《りゃく》していわれることもあるけれど
それは差別的《さべつてき》なひびきに聞《き》こえるので
使《つか》ってはいけないよ。
女性《じょせい》が女性《じょせい》を好《す》きになるってどんな気持《きも》ちかな。
いろいろな人《ひと》の気持《きも》ちを見《み》てみよう。

委員会《いいんかい》の先《せん》ぱいがとてもやさしくて、
あこがれとはちがう、ドキドキする
気持《きも》ちになったの。
きっとこれが「好《す》き」って気持《きも》ち
なんだなと思《おも》ったよ。

？
女《おんな》の子《こ》にドキドキしちゃ
いけないのかな？

まわりの友《とも》だちは、
いつもかっこいい男《おとこ》の子《こ》の話《はなし》で
楽《たの》しそうにしていたけど……
わたしが気《き》になるのはいつも、
女《おんな》の子《こ》だったんだ。
バレンタインデーに好《す》きな女《おんな》の子《こ》に
チョコをわたしたときは
すごくきんちょうしたよ。

同《おな》じクラスで、いつもわたしを
助《たす》けてくれる子《こ》がいたんだ。
その子《こ》のことを考《かんが》えると
むねが苦《くる》しくなることもあって……
その子《こ》は女《おんな》の子《こ》だったけど、
友《とも》だちに対《たい》する「好《す》き」とは
ちがう気持《きも》ちだなって気《き》づいたよ。

！
好《す》きだって
気《き》づいたときは
ドキドキしたな。

考《かんが》えてみよう！

男《おとこ》の子《こ》を好《す》きになる女《おんな》の子《こ》と、
女《おんな》の子《こ》を好《す》きになる女《おんな》の子《こ》では
好《す》きの気持《きも》ちに
ちがいはあるのかな？

同性愛《どうせいあい》のなかでも、男性《だんせい》を好《す》きになる男性《だんせい》のことを「ゲイ」というよ。

「ホモ」といわれることもあるけれど差別的《さべつてき》なひびきに聞《き》こえるので使《つか》わないようにしよう。

男性《だんせい》が男性《だんせい》を好《す》きになるって、どんな気持《きも》ちになるのかな。

いろいろな人《ひと》の気持《きも》ちを見《み》て、考《かんが》えてみよう。

下校中《げこうちゅう》、いつもサッカークラブの練習《れんしゅう》を見《み》ていたんだ。
そのとき、となりのクラスの男《おとこ》の子《こ》が一生懸命《いっしょうけんめい》、練習《れんしゅう》しているすがたを見《み》て、むねが苦《くる》しくなったよ。
最初《さいしょ》はとまどったけれど、きっとこれが好《す》きって気持《きも》ちだってわかったんだ。

クラブの先《せん》ぱいが、すごくかっこよくてまわりの友《とも》だちからも人気《にんき》の先《せん》ぱいだったけど
ぼくは、みんなとはちがう「好《す》き」って気持《きも》ちをもっていたんだ。
先《せん》ぱいに近《ちか》づきたいなって思《おも》っていたよ。

友《とも》だちが話《はな》す好《す》きな人《ひと》の話《はなし》はいつも女《おんな》の子《こ》の話《はなし》で、
ぼくが気《き》になるのはいつも男《おとこ》の子《こ》だったから、すごく不安《ふあん》だった。

？

友《とも》だちとちがうからおかしいと思《おも》ってしまうのかな？


！

みんなとはちがう気持《きも》ちでも、悪《わる》いことではないよね。


考《かんが》えてみよう！

女《おんな》の子《こ》を好《す》きになる男《おとこ》の子《こ》と男《おとこ》の子《こ》を好《す》きになる男《おとこ》の子《こ》では好《す》きの気持《きも》ちにちがいはあるのかな？

男《おとこ》の子《こ》と女《おんな》の子《こ》のどちらも好《す》きになる？

みんなのまわりにも、
男《おとこ》の子《こ》でも、女《おんな》の子《こ》でも、
それぞれすてきな人《ひと》っているよね。
男性《だんせい》と女性《じょせい》、どちらを好《す》きになっても
おかしいことではないんだよ。

バイセクシュアルは、どちらの性《せい》も好《す》きになるよ。
だけど、同時《どうじ》に男性《だんせい》と女性《じょせい》のふたりを
好《す》きになるわけではないよ。
そのとき、好《す》きになる人《ひと》が男性《だんせい》か女性《じょせい》か、
決《き》まっていないだけだね。
どちらの性別《せいべつ》も好《す》きになるって、
どんな気持《きも》ちになるのかな。
いろいろな人《ひと》の気持《きも》ちを見《み》てみよう。

4年生《ねんせい》のときは、好《す》きな男《おとこ》の子《こ》がいたの。でも、5年生《ねんせい》になって、女《おんな》の子《こ》を好《す》きになったんだ。かんちがいかなと思《おも》ったけれど、男《おとこ》の子《こ》が好《す》きだったときと同《おな》じような気持《きも》ちでドキドキしていたんだよね。

今《いま》まで、好《す》きになった人《ひと》は女子《じょし》がふたりと男子《だんし》がひとり。男子《だんし》をはじめて好《す》きになったとき、おれは男《おとこ》なのに！　って不安《ふあん》だったけど、そういう人《ひと》もいるんだって知《し》って心《こころ》が楽《らく》になったよ。

！きっと同《おな》じ気持《きも》ちの人《ひと》もいるよね！

すごく好《す》きな女《おんな》の子《こ》ができて告白《こくはく》したんだけど、「前《まえ》は男《おとこ》の子《こ》が好《す》きだったじゃん！」って信《しん》じてもらえなかったの。そのとき、好《す》きになったのが男《おとこ》の子《こ》か女《おんな》の子《こ》かのちがいだけなのに……。

？そのときによって好《す》きになる性《せい》が変《か》わるのは悪《わる》いことなの？

考《かんが》えてみよう！

男《おとこ》の子《こ》だけを好《す》きになる人《ひと》、
女《おんな》の子《こ》だけを好《す》きになる人《ひと》、
両方《りょうほう》を好《す》きになる人《ひと》では
好《す》きの気持《きも》ちにちがいは
あるのかな？

ほかにも、いろいろある？好《す》きになる性《せい》

すてきな人《ひと》がいても、好《す》きにならない人《ひと》もいるし、好《す》きって気持《きも》ちがよくわからない人《ひと》もいる。好《す》きになる性《せい》にはいろいろな形《かたち》があるよ。

レズビアンやゲイ、バイセクシュアルのほかにも、クエスチョニングや、アセクシュアル、パンセクシュアルなど、いろいろな好《す》きになる性《せい》のありかたを見《み》てみよう。

わたしは、自分《じぶん》が女《おんな》の子《こ》なのか男《おとこ》の子《こ》なのか、よくわからないの。だから、好《す》きな人《ひと》ができても「男《おとこ》の子《こ》の自分《じぶん》として好《す》き」とか「女《おんな》の子《こ》の自分《じぶん》として好《す》き」とかもわからないんだよね。

？ でも、それって必《かなら》ず決《き》めなきゃいけないことかな？

わたしにとって、好《す》きになる人《ひと》の性別《せいべつ》は関係《かんけい》ないんだ。男《おとこ》の人《ひと》も、女《おんな》の人《ひと》も好《す》きになるし、トランスジェンダーの人《ひと》やX《エックス》ジェンダーの人《ひと》も好《す》きになる。その人《ひと》の性別《せいべつ》がどうだから好《す》きじゃなくて、その人自身《ひとじしん》を好《す》きだと思《おも》うんだよね。

！ 性別《せいべつ》より、その人自身《ひとじしん》のことが重要《じゅうよう》なんだね！

ぼくは、女《おんな》の子《こ》も男《おとこ》の子《こ》も好《す》きにならないよ。でも、大好《だいす》きな友《とも》だちはいるよ。ただ、ほかの人《ひと》がだれかに恋《こい》をするみたいに、その人《ひと》にドキドキしたり、ふれたいって思《おも》うことがないだけ。

考《かんが》えてみよう！

あなたの好《す》きになる性《せい》はどうかな？

L《エル》G《ジー》B《ビー》T《ティー》って知《し》っている？

LGBT《エルジービーティー》という言葉《ことば》を聞《き》いたことがあるかな？

今《いま》まで、性別《せいべつ》というものは、体《からだ》の性《せい》で分《わ》けられた「男性《だんせい》」と「女性《じょせい》」の2通《とお》りだと思《おも》われていたよ。

そして、「体《からだ》が男性《だんせい》なら、自分《じぶん》のことを男性《だんせい》と思《おも》い、女性《じょせい》を好《す》きになる」、反対《はんたい》に「体《からだ》が女性《じょせい》なら、自分《じぶん》のことを女性《じょせい》だと思《おも》い、男性《だんせい》を好《す》きになる」のが当《あ》たり前《まえ》だとされてきたんだ。

でも、性《せい》のありかたはさまざまだよね。


これまで、当《あ》たり前《まえ》とされてきたものとちがう性《せい》のありかたをしている人《ひと》たちが、前向《まえむ》きに自分《じぶん》たちの性《せい》のありかたをとらえるためにLGBT《エルジービーティー》という言葉《ことば》が生《う》まれたんだ。

レズビアン（L《エル》）、ゲイ（G《ジー》）、バイセクシュアル（B《ビー》）、トランスジェンダー（T《ティー》）の頭《あたま》の文字《もじ》をとってつくられたよ。


アセクシュアルやX《エックス》ジェンダーなどの人《ひと》もふくめて、「セクシュアルマイノリティ」といういいかたもあるよ。

L
レズビアン
女性《じょせい》を好《す》きになる女性《じょせい》
G
ゲイ
男性《だんせい》を好《す》きになる男性《だんせい》
B
バイセクシュアル
男性《だんせい》も女性《じょせい》も好《す》きになる人《ひと》
T
トランスジェンダー
心《こころ》の性《せい》と体《からだ》の性《せい》がちがう人《ひと》

LGBT《エルジービーティー》のほかにも、SOGIE《ソジー》という言葉《ことば》もあるよ。

LGBT《エルジービーティー》の人《ひと》たちだけでなく、すべての人《ひと》の、それぞれの性《せい》のありかたを尊重《そんちょう》するために生《う》まれた言葉《ことば》だよ。

セクシュアルオリエンテーション
SO
好《す》きになる性《せい》
ジェンダーアイデンティティー
GI
心《こころ》の性《せい》
ジェンダーエクスプレッション
E
表現《ひょうげん》する性《せい》

わたしのまわりにも本当《ほんとう》にいるの？

ところで、あなたはＬＧＢＴ《エルジービーティー》の人《ひと》に会《あ》ったことあるかな？

いろいろな性《せい》のありかたがあると言《い》われても、実際《じっさい》には会《あ》ったことないよ、っていう人《ひと》がたくさんいるかもしれないね。

だから「自分《じぶん》には関係《かんけい》ないことだ」って思《おも》ってしまうかもしれない。

でも、あなたが知《し》らないだけで、本当《ほんとう》は身近《みぢか》にいるかもしれないよ。心《こころ》の性《せい》や好《す》きになる性《せい》は見《み》た目《め》ではわからないからね。

考《かんが》えてみよう！

- あなたのまわりに、ＬＧＢＴ《エルジービーティー》の人《ひと》はいないと思《おも》う？
- ＬＧＢＴ《エルジービーティー》の人《ひと》のことは自分《じぶん》には関係《かんけい》のない話《はなし》なのかな？

ＬＧＢＴ《エルジービーティー》の人《ひと》ってわたしたちのまわりにはいないよね。
わたしもそうなんだけどな…。言《い》ったらきらわれちゃうかもしれないし言《い》えないな。
ＬＧＢＴって？
世界の人々

恋《こい》バナはみんなが楽《たの》しい話《はなし》？

みんなは、友《とも》だちと好《す》きな人《ひと》の話《はなし》をすることはあるかな？

相手《あいて》の好《す》きな人《ひと》を聞《き》いたり、自分《じぶん》の好《す》きな人《ひと》の話《はなし》をするのはとてもドキドキして楽《たの》しいことかもしれないね。

だけど、なかには、好《す》きな人《ひと》や恋《こい》の話《はなし》をするのはいやだったり、苦《くる》しい思《おも》いをしたりする人《ひと》だっているんだ。

ねえ、彼氏《かれし》いる？

○○くんってすごくかっこいいよね！あなたはだれがかっこいいと思《おも》う？

こんな言葉《ことば》

好《す》きな女子《じょし》教《おし》えてよ！

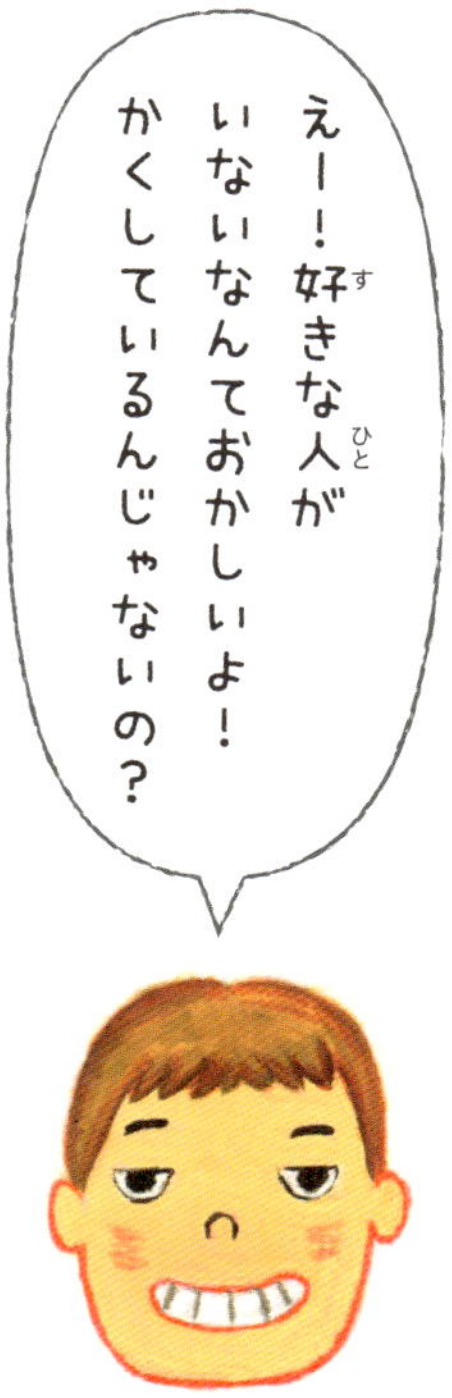
えー！好《す》きな人《ひと》がいないなんておかしいよ！かくしているんじゃないの？

どう思《おも》うかな？

友《とも》だちなのにかくすなよ！好《す》きな女子《じょし》いるんだろ！

もしかして男《おとこ》のくせに、男《おとこ》のことが好《す》きだったりして！

考《かんが》えてみよう！

- いやな思《おも》いをするのはどんな人《ひと》だと思《おも》う？
- どうしていやな気持《きも》ちになるのかな？

「ふつうは異性《いせい》を好《す》きになる」や
「好《す》きな人《ひと》がいるのは当《あ》たり前《まえ》」
なんて思《おも》っていたりしないかな？
その前提《ぜんてい》で、恋《こい》の話《はなし》をされると
同性愛《どうせいあい》の人《ひと》や両性愛《りょうせいあい》の人《ひと》、無性愛《むせいあい》の人《ひと》などは
つらい気持《きも》ちになることがあるよ。
　言葉《ことば》を少《すこ》し変《か》えてみたり、
相手《あいて》が話《はな》したくなさそうなことは
無理《むり》に聞《き》いたりしないようにしたり、
ちょっとした思《おも》いやりで
相手《あいて》も楽《らく》な気持《きも》ちに
なるかもしれないね。

恋人《こいびと》はいるの？
だれか気《き》になる人《ひと》とかすてきだなと思《おも》う人《ひと》いる？

こんな言葉《ことば》に

好《す》きな人《ひと》いるの？
そっか、好《す》きな人《ひと》はいないんだ。

変《か》えてみよう！

もし話《はな》したくなったら教《おし》えてな。
無理《むり》に聞《き》いてごめんな！ちがう話《はなし》しようぜ！

考《かんが》えてみよう！

いやな気持《きも》ちに
させないために
ほかにはどんなことが
できるかな？

どれくらいの人《ひと》がいるのかな？

世界《せかい》だけでなく、日本《にほん》でもLGBT《エルジービーティー》の人《ひと》たちが、どれくらいいるのか調査《ちょうさ》されているよ。
全国《ぜんこく》の20歳《さい》から59歳《さい》の8万《まん》9366人《にん》におこなった調査《ちょうさ》の結果《けっか》によると、約《やく》8％《パーセント》の割合《わりあい》でLGBT《エルジービーティー》やそのほかの少数派《しょうすうは》の人《ひと》がいるとわかったんだ。

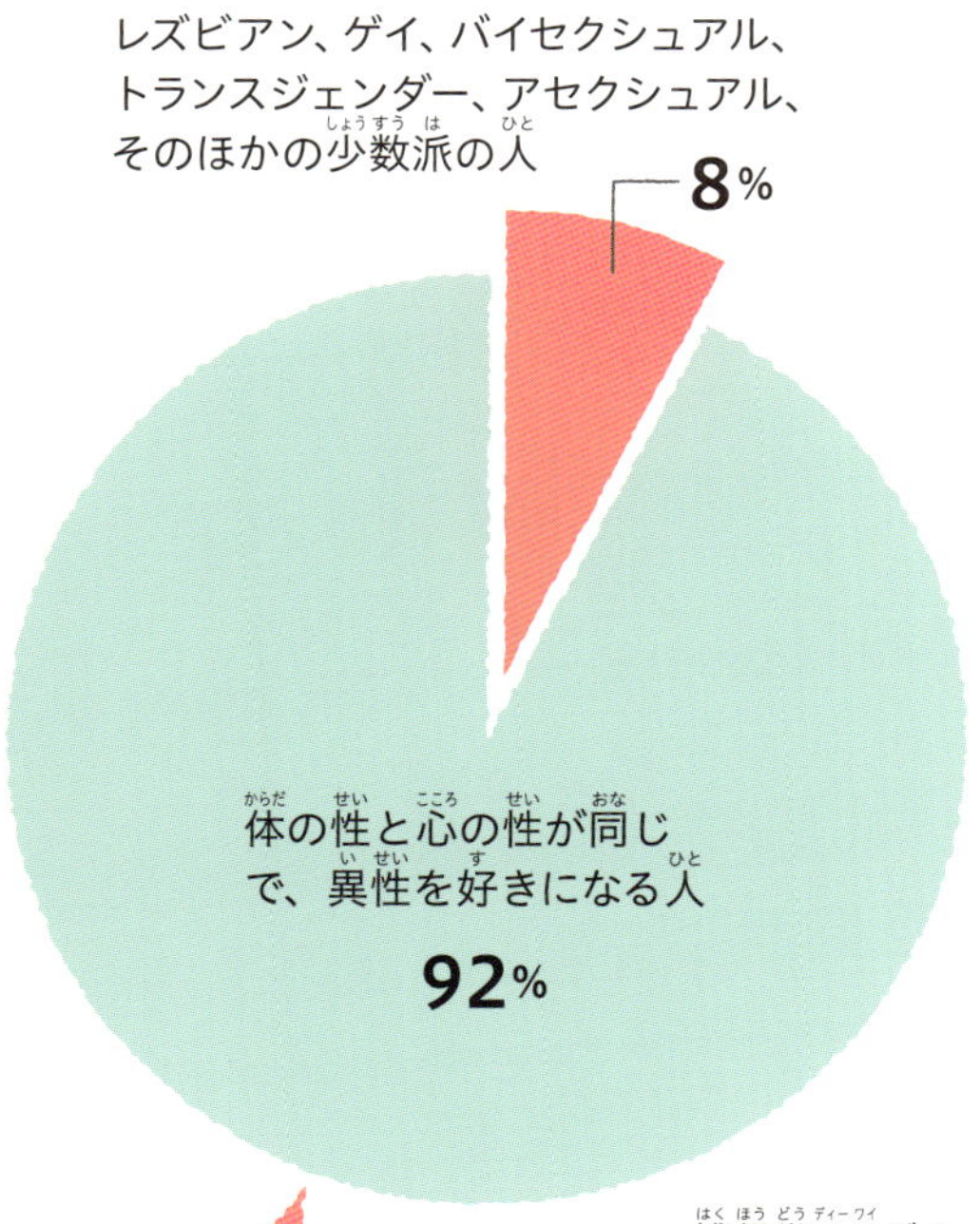
レズビアン、ゲイ、バイセクシュアル、トランスジェンダー、アセクシュアル、そのほかの少数派《しょうすうは》の人《ひと》
8％
体《からだ》の性《せい》と心《こころ》の性《せい》が同《おな》じで、異性《いせい》を好《す》きになる人《ひと》
92％

この割合《わりあい》は13人《にん》にひとりはLGBT《エルジービーティー》の人《ひと》がいるってことだと考《かんが》えられるよ。

博報堂《はくほうどう》DY《ディーワイ》グループ株式会社《かぶしきがいしゃ》LGBT《エルジービーティー》総合研究所《そうごうけんきゅうじょ》が全国《ぜんこく》20歳《さい》～59歳《さい》の8万《まん》9366人《にん》を対象《たいしょう》におこなった、LGBT《エルジービーティー》などをふくむ性的《せいてき》マイノリティに関《かん》する意《い》識調査《しきちょうさ》（2016年《ねん》）より。

性《せい》はグラデーション

ここまで、いろいろな性《せい》のありかたを見《み》てきたね。性《せい》のありかたはグラデーションのようなものなんだ。

グラデーションとは、虹《にじ》のように、色《いろ》がはっきりと分《わ》かれずに、少《すこ》しずつ変化《へんか》していることをいうよ。性《せい》のありかたも、人《ひと》それぞれで、はっきりとは分《わ》けられない。あなたの性《せい》のありかたはどうだろう。

考《かんが》えてみよう！

LGBT《エルジービーティー》の人《ひと》の
割合《わりあい》を聞《き》いて
多《おお》いと思《おも》った？
少《すく》ないと思《おも》った？

もっと知《し》りたい

おしえて、先生《せんせい》！

～さまざまな性《せい》のふしぎ～

最近《さいきん》、テレビや本《ほん》などでもよく聞《き》く「ＬＧＢＴ《エルジービーティー》」。
少《すこ》しずつ、いろいろな性《せい》のありかたがわかってきたかな？
きっとまだまだ、わからないことがたくさんあるよね。
みんなの疑問《ぎもん》を中塚《なかつか》先生《せんせい》に聞《き》いてみて、理解《りかい》を深《ふか》めよう！

レズビアンの人《ひと》は、男《おとこ》になりたいの？

レズビアンの人《ひと》は、女《おんな》の人《ひと》が好《す》きなんだよね？
ということは、心《こころ》が男《おとこ》だから女《おんな》の人《ひと》が好《す》きなんじゃないの？

レズビアンは心《こころ》の性《せい》が女性《じょせい》で、好《す》きになる性《せい》も女性《じょせい》ということです。つまり、女性《じょせい》の心《こころ》で、女性《じょせい》を好《す》きになります。なので、男《おとこ》になりたいから女性《じょせい》が好《す》き、ということではありません。反対《はんたい》に、ゲイも心《こころ》の性《せい》が男性《だんせい》で、好《す》きになる性《せい》も男性《だんせい》の人《ひと》のことをいいます。

同性愛《どうせいあい》は治《なお》らないの？

同性愛《どうせいあい》だとこまることも多《おお》そうだよね。
それなら、病院《びょういん》で治療《ちりょう》とかして異性愛《いせいあい》にすることはできないの？

同性愛《どうせいあい》は異性愛《いせいあい》と同《おな》じで病気《びょうき》ではありません。治《なお》す必要《ひつよう》もありませんし、変《か》えることもできません。だれかを好《す》きになることをほかの人《ひと》からとめられるのはつらいことです。むかし、同性愛《どうせいあい》は異常《いじょう》であり、病気《びょうき》だとされていたこともありました。しかし、現在《げんざい》では、ＷＨＯ《ダブルエイチオー》（世界保健機関《せかいほけんきかん》）なども、同性愛《どうせいあい》をその人《ひと》の特性《とくせい》のひとつとして、治療《ちりょう》の対象外《たいしょうがい》としています。

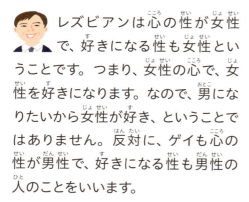

レズビアンは男《おとこ》の人《ひと》がきらい？

女《おんな》の子《こ》で、男《おとこ》の人《ひと》を好《す》きにならないのはなんだかふしぎ。
男《おとこ》の人《ひと》がきらいだからなのかな？

男《おとこ》の人《ひと》がきらいだから、女性《じょせい》を好《す》きになるわけではありません。男《おとこ》の人《ひと》を好《す》きになる女《おんな》の人《ひと》は、女《おんな》の人《ひと》がきらいだから男《おとこ》の人《ひと》を好《す》きになるわけではないのと同《おな》じです。どちらかの性別《せいべつ》の人《ひと》がきらいだから、ほかの性別《せいべつ》の人《ひと》を好《す》きになるわけではありません。どの性《せい》を好《す》きになるかは、生《う》まれながらに決《き》まっていると考《かんが》えられています。

ゲイは女《おんな》の人《ひと》のかっこうをするの？

ゲイの人《ひと》って、テレビとかでよく見《み》るけど、女《おんな》の人《ひと》の服着《ふくき》てるよね！
みんな、そうなのかな？

ゲイは、男性《だんせい》が男性《だんせい》を好《す》きになることです。男《おとこ》の人《ひと》のかっこうをしているか、女《おんな》の人《ひと》のかっこうをしているかは関係《かんけい》ありません。実際《じっさい》は、男性《だんせい》の服装《ふくそう》の人《ひと》が多《おお》いですが、どんな服《ふく》を着《き》るかなどは、「表現《ひょうげん》する性《せい》」の話《はなし》なので、「好《す》きになる性《せい》」がどうかとは、まったく別《べつ》の話《はなし》です。

同性《どうせい》が気《き》になるのは、かんちがい？

ぼくは今《いま》、すごく気《き》になる人《ひと》がいるんだけど、その人《ひと》は男性《だんせい》。それを友《とも》だちに話《はな》したら、「かんちがいじゃない？」と言《い》われたんだ。
同性《どうせい》が好《す》きかもしれないってかんちがいなのかな。

思春期《ししゅんき》は、自分《じぶん》の性《せい》のありかたについてが決《き》まってくる時期《じき》です。そのため、好《す》きになる性《せい》についてもはっきりとわからないこともあります。しかし、それは、必《かなら》ずしも「かんちがい」や「一時的《いちじてき》なことでいずれ変《か》わっていくもの」というわけではありません。じっくりと自分《じぶん》の気持《きも》ちと向《む》きあっていくことで、わかってくることもあります。

同性愛《どうせいあい》の人《ひと》は自分《じぶん》で選《えら》んで同性愛《どうせいあい》になったんだよね？

男《おとこ》の人《ひと》を好《す》きになるか、
女《おんな》の人《ひと》を好《す》きになるかは
その人自身《ひとじしん》が決《き》めたことなんだよね？

どの性別《せいべつ》を好《す》きになるかは、自分《じぶん》の意志《いし》で決《き》めるものではありません。あなたも人《ひと》を好《す》きになるときに、「この性別《せいべつ》の人《ひと》を好《す》きになろう！」と思《おも》って好《す》きになるわけではないでしょう。好《す》きになる性《せい》は自然《しぜん》と決《き》まっているのです。

アセクシュアルの人《ひと》は、本当《ほんとう》の好《す》きな人《ひと》に出会《であ》っていないだけ？

好《す》きな人《ひと》ができないなんて、おかしいよ！
これから運命《うんめい》の人《ひと》に出会《であ》ったら
変《か》わるんじゃないかしら？

もしかすると、これから好《す》きな人《ひと》ができることがあり、アセクシュアルではなかったという場合《ばあい》もあるかもしれません。しかし、なかには、本当《ほんとう》にだれにも恋愛感情《れんあいかんじょう》をもたない人《ひと》もいます。「好《す》きな人《ひと》ができないのはおかしい」と決《き》めつけられるのはアセクシュアルの人《ひと》にとって、苦《くる》しいことです。

ゲイの人《ひと》は、男《おとこ》の人《ひと》ならだれでも好《す》きになる？

ぼくのクラスメイトに、ゲイの人《ひと》がいるんだ。もしかして、
ぼくのことも好《す》きなのかな？

ゲイの人《ひと》が、男性《だんせい》ならだれでも好《す》きになるというのは大《おお》きなまちがいです。たとえば、異性愛者《いせいあいしゃ》の男性《せい》が、女性《じょせい》ならだれでも好《す》きになるわけではないでしょう。それと同《おな》じように、ゲイの人《ひと》も、男性《だんせい》ならだれでも好《す》きになるわけではないのです。

言《い》ってはいけない言葉《ことば》はある？

LGBT《エルジービーティー》の人《ひと》に対《たい》して、
差別的《さべつてき》な言葉《ことば》って知《し》らないことが
たくさんあったよ。
「レズ」や「ホモ」以外《いがい》にも、
使《つか》ってはいけない
言葉《ことば》とかあるのかな。

「レズ」や「ホモ」という言葉《ことば》以外《いがい》にも、「オカマ」など、LGBT《エルジービーティー》の人《ひと》をきずつける言葉《ことば》がたくさんあります。そのほかにも、LGBT《エルジービーティー》の人《ひと》は、なにげない言葉《ことば》や生活《せいかつ》での一場面《いちばめん》で苦《くる》しんでいることがあります。それについては3章《しょう》で学《まな》んでいきましょう。

3章《しょう》

学《がっ》校《こう》で、みんなが楽《たの》しくすごすには

本当《ほんとう》の自分《じぶん》をわかってくれる友《とも》だちがいたり、
それぞれの個性《こせい》をみとめあえるクラスだったら、
きっとみんなが楽《たの》しくすごせるんじゃないかな。
でも、そうするにはどうしたらいいんだろう。

女子更衣室
……
……。
りんちゃん、今日《きょう》も見学《けんがく》？
…ちょっと気分《きぶん》悪《わる》くて。
見学の子はプールサイドにいてねー
りんちゃんも見学《けんがく》？
うん……。
そっか～。
プールのときは、どこで着《き》がえたらいいの？
まことくんってさ、どうしていつもプール休《やす》んでるの？
え、水着《みずぎ》になるのがいやだからだよ。
さらっ
え!?
うちね、心《こころ》が女《おんな》の子《こ》なんだ～。
だから、男子《だんし》の水着《みずぎ》もいやだし、男子《だんし》と着《き》がえるのもいやなの。
泳ぐのは好きなんだけどね

えっと……。
意味《いみ》わかんないよね？ でもこういうの、トランスジェンダーっていうんだって。
……自分《じぶん》はね、女子《じょし》にまざって着《き》がえるのがいやなんだ。
そっかー。
プール楽《たの》しそうだね……。
キーンコーンカーンコーン
まことさ、ずっと思《おも》ってたけどなんでまたプール見学《けんがく》なの？
去年《きょねん》もずっとプールだけは休《やす》んでたよな。
うちね、男子《だんし》の水着《みずぎ》になるのがいやなんだよね。
は？ 楽《たの》しいのに～。意味《いみ》わかんね～。もったいない！
めんどくさいってこと？ それワガママじゃん！
……自分《じぶん》は
気持《きも》ちわかるよ……。
えっ？

自分《じぶん》も本当《ほんとう》は女子《じょし》トイレに入《はい》るのいやだし、女子《じょし》といっしょに更衣室《こういしつ》で着《き》がえるのもいや。

え？ なに言《い》ってるの？ 前《まえ》までいっしょに着《き》がえてたじゃん。

前《まえ》からなんとなくいやだったけど言《い》えなかったの。でも、どんどんいやな気持《きも》ちが大《おお》きくなってきて……。

どういうこと？

自分《じぶん》も、よくわかんないんだけど
どんどん女《おんな》の子《こ》の体《からだ》になっていく自分《じぶん》が本当《ほんとう》にいや。

そっか……。

……。

うちはね、じつは心《こころ》が女《おんな》の子《こ》なんだ。だから男子《だんし》といっしょにされるのって苦《くる》しいんだよね。

えっ？

……だからプール入《はい》れなかったんだ。

よくわかんないけどなにか苦《くる》しいならどうにかできないのかな。

みんなで話《はな》そう！

りんさんやまことさんがプールを休《やす》んでいた理由《りゆう》、
それを聞《き》いたみんなはどう思《おも》ったんだろう。
みんなで話《はな》しあってみることにしたよ。

自分《じぶん》は女《おんな》の子《こ》あつかいされるのがモヤモヤしていて……。女子更衣室《じょしこういしつ》で着《き》がえるのも「女子《じょし》」って決められているみたいで苦《くる》しいんだ。

男《おとこ》の子《こ》の水着《みずぎ》って、上半身《じょうはんしん》はかくれないでしょ？ うち、心《こころ》が女《おんな》の子《こ》だから体《からだ》を見《み》られるのってすごくいやなんだ。

ふたりが苦《くる》しいなら助《たす》けたいと思《おも》うけど……。正直《しょうじき》、「心《こころ》が女《おんな》」とか、よくわかんないな。どうしたらいいんだろう。

わたしは女《おんな》の子《こ》だけど、もしまわりから男《おとこ》の子《こ》あつかいされたらきっといやだと思《おも》う。自分《じぶん》だったらって考《かんが》えるとふたりのつらい気持《きも》ちが少《すこ》しはわかるのかな。

水着《みずぎ》や更衣室《こういしつ》って、学校《がっこう》の決《き》まりだから、先生《せんせい》に言《い》うのがいいのかな。でも、なやみごとを勝手《かって》に話《はな》しちゃうのはつげぐちみたいでいやだな。

ぼくも、よくわからないけど図書館《としょかん》とかでそういうこと、調《しら》べられないかな。なにかできることが少《すこ》しでもわかったらいいんだけど……。


考《かんが》えてみよう！

あなたが、りんさんやまことさんの友《とも》だちならどうする？

学校《がっこう》はみんながすごしやすい場所《ばしょ》なのかな？

みんなが、ふつうにすごしている学校《がっこう》。

そこでは、当《あ》たり前《まえ》のように、男女《だんじょ》で分《わ》けられているものがあるよ。

学校《がっこう》での男女分《だんじょわ》けは、もちろん必要《ひつよう》なこともあるけれど、それが原因《げんいん》でこまっている人《ひと》たちもいるんだ。

学校《がっこう》のトイレ

男女《だんじょ》どちらのトイレを使《つか》う？

女子《じょし》のトイレ使《つか》いたくないなあ……。

更衣室《こういしつ》

体《からだ》の性《せい》に合《あ》わせないといけない？

男子《だんし》と着《き》がえるのやだな……。
男子更衣室

男女《だんじょ》ごとの色分《いろわ》け

男《おとこ》の子《こ》と女《おんな》の子《こ》で色《いろ》が分《わ》けられるのはどうして？

女《おんな》の子《こ》なのにその色《いろ》なの？
女《おんな》の子《こ》の色《いろ》ってだれが決《き》めたの？

修学旅行《しゅうがくりょこう》や宿泊行事《しゅくはくぎょうじ》のおふろ

いつも分《わ》けられるのは、「体《からだ》の性《せい》」に合《あ》わせた男女別《だんじょべつ》だね。

修学旅行
班ぎめ
女子
男子
おふろのじかん
みんなといっしょにおふろ入《はい》るのいやだなあ……。

名前《なまえ》のよばれかた

男子《だんし》は「〜くん」女子《じょし》は「〜ちゃん」分《わ》けないといけないの？

ちゃんづけでよばれるのいやなんだよな……。
○○ちゃーんいっしょに行《い》こう！

制服《せいふく》や水着《みずぎ》

体《からだ》の性《せい》に合《あ》わせたものを着《き》なきゃいけない？

男子用《だんしよう》の水着《みずぎ》なんて着《き》たくないのに。
スカートなんてはきたくないのに……。

考《かんが》えてみよう！

- ほかにも、学校《がっこう》のなかでこまることはあるのかな？
- どうしたらみんながすごしやすくなるかな？

どうしたらみんながすごしやすい学校《がっこう》になるかな？

性《せい》のありかたでなやんでいる人《ひと》は、学校生活《がっこうせいかつ》をすごすとき、こまることや、苦《くる》しいことがあるのを知《し》っているかな。

そういうとき、なにか解決《かいけつ》できる方法《ほうほう》がないか、考《かんが》えてみよう。

「こういうときはこうするのがいちばん良《よ》い」という決《き》まった解決方法《かいけつほうほう》はないかもしれないけど、その人《ひと》の立場《たちば》になって、考《かんが》えることが大切《たいせつ》だよ。

トイレ

体《からだ》の性《せい》に合《あ》わせたトイレを使《つか》わないといけない？

こまっていること
トイレが使《つか》いにくい

どうして？

自分《じぶん》のことを、男《おとこ》の子《こ》だと思《おも》っているのに女《おんな》の子用《こよう》のトイレを使《つか》うのはつらい。

だれでも使《つか》える多目的《たもくてき》トイレをつくってみるのがいいんじゃない？

職員用《しょくいんよう》のトイレをかしてもらうのはどう？

更衣室《こういしつ》

心《こころ》の性《せい》に合《あ》わせられないのは苦《くる》しい！

こまっていること
更衣室《こういしつ》が使《つか》えない

どうして？

心《こころ》が女《おんな》の子《こ》だけど、みんなは男《おとこ》の子《こ》だと思《おも》っているから女《おんな》の子用《こよう》の更衣室《こういしつ》は使《つか》えないし……

でも、男子《だんし》といっしょの場所《ばしょ》で着《き》がえるのは絶対《ぜったい》いや！

先生《せんせい》に相談《そうだん》して、ほかの部屋《へや》をかしてもらうのはどう？

実《じつ》は、ぼくも、体《からだ》にコンプレックスがあってほかの人《ひと》に体《からだ》を見《み》られるのがいやなんだ。

保健室《ほけんしつ》とかかしてもらえないのかな？

LGBT《エルジービーティー》とかじゃなくても、こまっているならどこかほかの部屋《へや》も使《つか》えるようになるといいな。

修学旅行《しゅうがくりょこう》のおふろ

体《からだ》の性《せい》だけに合《あ》わせると、すごくつらい

こまっていること

修学旅行《しゅうがくりょこう》に行《い》きたくない

どうして？

みんなといっしょにおふろに入《はい》るのがつらい。自分《じぶん》は女《おんな》の子《こ》だと思《おも》っているのに、男子《だんし》と入《はい》るのは苦《くる》しくてがまんできない。

修学旅行《しゅうがくりょこう》に行《い》けないのはかわいそう。ひとりでおふろに入《はい》っちゃいけないかな？

部屋《へや》にあるおふろを使《つか》ってもいいんじゃない？

先生《せんせい》にお願《ねが》いしたら、時間《じかん》をずらして入《はい》ることもできるんじゃない？

部屋《へや》での着《き》がえもつらいんじゃないかな？部屋《へや》わりも考《かんが》えてみようよ。

よばれかた

どうして女《おんな》の子《こ》と男《おとこ》の子《こ》でよばれかたがちがうの？

こまっていること

ちゃんづけでよばれたくない

どうして？

自分《じぶん》は女《おんな》の子《こ》ではないと思《おも》っているんだ。

だから、ちゃんづけされるとゆううつな気持《きも》ちになる。

男子《だんし》も女子《じょし》もみんな「〜さん」ってよぶのはどうかな？

その人《ひと》に、「なんてよばれたい？」って聞《き》くのもいいんじゃない？

その人《ひと》がよんでほしいニックネームを使《つか》うのもいいんじゃないかな？

考《かんが》えてみよう！

- ほかにもできることはあるかな？
- もしあなただったらどうしてほしいかな？

本当《ほんとう》の自分《じぶん》をかくしてしまうのはどんなとき？

みんなは、友《とも》だちや家族《かぞく》、先生《せんせい》の前《まえ》で本当《ほんとう》の自分《じぶん》のことを話《はな》せているかな？LGBT《エルジービーティー》など少数派《しょうすうは》の人《ひと》は、自分《じぶん》のことを話《はな》したくても話《はな》せないことが多《おお》いんだ。

まわりの人《ひと》のなにげない言葉《ことば》で、きずついたり、本当《ほんとう》のことをかくしておこうと思《おも》うことがあるよ。

異性《いせい》を好《す》きになるのがふつうなの？

まわりの女《おんな》の子《こ》はいつも「だれが好《す》き」とか「だれがかっこいい」って男《おとこ》の子《こ》の話《はなし》ばかりをしているの。女《おんな》の子《こ》を好《す》きだっていう女《おんな》の子《こ》はまわりにいないし、みんな、女《おんな》の子《こ》は男《おとこ》の子《こ》を好《す》きになるのがふつうだって思《おも》っているから、わたしは女《おんな》の子《こ》が好《す》きだなんて話《はな》してはいけないんだよね。

同性愛《どうせいあい》はありえないの？

同性愛《どうせいあい》のマンガやドラマの話《はなし》になったときに、「現実《げんじつ》ではありえないよね」とか、話《はな》しているのを聞《き》くと、「わたしは、ありえなくて変《へん》なんだ」って悲《かな》しくなって、絶対《ぜったい》に話《はな》してはいけないなと思《おも》ってしまったよ。

ぼくもいつかは笑《わら》われる？

テレビで見《み》た、おネエタレントのまねをしてみんなを笑《わら》わせている友《とも》だちがいるんだ。ぼくも、まわりに合《あ》わせて笑《わら》っているけれど、本当《ほんとう》は、いつか自分《じぶん》のことがばれてしまったら、同《おな》じように笑《わら》われるのかな、と思《おも》っていつもとてもつらいんだ。

考《かんが》えてみよう！

LGBT《エルジービーティー》など少数派《しょうすうは》の人《ひと》が自分《じぶん》の気持《きも》ちをかくしてしまう場面《ばめん》がほかにもないかな？

自分《じぶん》を表現《ひょうげん》してる人《ひと》もいるよ

もちろん、つらい気持《きも》ちですごしている人《ひと》ばかりではないよ。LGBT《エルジービーティー》など少数派《しょうすうは》の人《ひと》のなかにだってありのままの自分《じぶん》を表現《ひょうげん》して、自分《じぶん》らしく生《い》きている人《ひと》もたくさんいるよ。

まわりの人《ひと》に理解《りかい》してもらえると「自分《じぶん》は自分《じぶん》でいいんだ」って思《おも》えるよね。自分《じぶん》をみとめてもらうことは、だれだって、とてもうれしいことだね。

その人《ひと》らしければいいと思《おも》う

女《おんな》の子《こ》らしいものが好《す》きで、いつもかわいいものをもっていたの。でも、まわりの友《とも》だちもみんな、「○○さんらしいね」って言《い》ってくれて、自信《じしん》がもてたんだ。家族《かぞく》にも「男《おとこ》の子《こ》だからこうしなさい」なんて言《い》われたことはなくて、だから自分自身《じぶんじしん》の個性《こせい》を大切《たいせつ》にできたよ。

応援《おうえん》してくれる人《ひと》もいるよ

はじめて女《おんな》の子《こ》を好《す》きになったとき、すごくとまどって、親友《しんゆう》に相談《そうだん》をしたら、「同性愛《どうせいあい》の人《ひと》もいるんだよね」って、おどろきもせずに応援《おうえん》してくれたの。自分《じぶん》はこれでいいんだなって思《おも》えて、すごくうれしかったな。

性別《せいべつ》がどうでもあなたの味方《みかた》だよ

自分《じぶん》の性別《せいべつ》がよくわからなくて、苦《くる》しい気持《きも》ちになっていたとき、お母《かあ》さんが「どんなことがあっても、味方《みかた》だよ」って言《い》ってくれたから、わたしはわたしでいいんだなって思《おも》ったよ。「女《おんな》」とか「男《おとこ》」とかどうでもよくなったんだ。

考《かんが》えてみよう！

あなたも「自分《じぶん》」をみとめられてうれしかったことはないかな？

いつのまにかだれかをきずつけてることはないかな？

今《いま》まで、「オカマ」や「おネエ」などの言葉《ことば》を聞《き》いたことがあるかな？
テレビなどでもよく聞《き》く言葉《ことば》かもしれないね。
でも、LGBT《エルジービーティー》など少数派《しょうすうは》の人《ひと》が聞《き》いたら、すごくきずつくこともあるよ。
「レズ」や「ホモ」などは、差別的《さべつてき》な意味《いみ》をもっているから、使《つか》わないようにしよう。

ホモ
オカマ
レズ
NG
おネエ
おとこおんな
おなべ

「おネエ」って言《い》わないで。テレビのおネエタレントは人気《にんき》かもしれないけど、そうやって言《い》われるのは、とてもきずつくよ。

男《おとこ》の子《こ》っぽいからって、「おとこおんな」とか言《い》われるとすごくいやな気持《きも》ちになる。わたしはわたしなんだから、すぐに「男《おとこ》」とか「女《おんな》」とかで分《わ》けないでほしい。

女《おんな》の子《こ》が好《す》きだって話《はな》したら「レズなんだ！」って言《い》われちゃった。悪気《わるぎ》はないのかもしれないけど、「レズ」って言葉《ことば》を言《い》われるのはあまりいい気持《きも》ちがしないな。

LGBT《エルジービーティー》をネタとした、じょうだんやからかいを見聞《みき》きした経験《けいけん》（複数回答可《ふくすうかいとうか》）

特定《とくてい》のだれかを指《さ》したものではないが見聞《みき》きした	62%
周囲《しゅうい》のだれかを対象《たいしょう》にしたものを見聞《みき》きした	43%
自分《じぶん》がじょうだんやからかいを受《う》けた	30%
そのようなことはなかった	16%

出典《しゅってん》：いのちリスペクト。ホワイトリボンキャンペーン「LGBT《エルジービーティー》の学校生活《がっこうせいかつ》に関《かん》する実態調査《じったいちょうさ》」（2013）

こんなことで笑《わら》っていないかな？

たとえ、じょうだんだったり、
悪気《わるぎ》がなかったりしたとしても
性《せい》のありかたについて、笑《わら》いのネタにすると
みんなにあわせて笑《わら》っているけど、心《こころ》のなかでは
きずついているLGBT《エルジービーティー》の人《ひと》もいるよ。
「みんな笑《わら》っているから言《い》っても大丈夫《だいじょうぶ》」
というわけではないんだ。
そういう場面《ばめん》を見《み》たときに、「やめよう」って
言《い》える勇気《ゆうき》もあるといいね。

LGBT《エルジービーティー》をネタとした、じょうだんやからかいを見聞《みき》きしたときの対応《たいおう》（複数回答可《ふくすうかいとうか》）

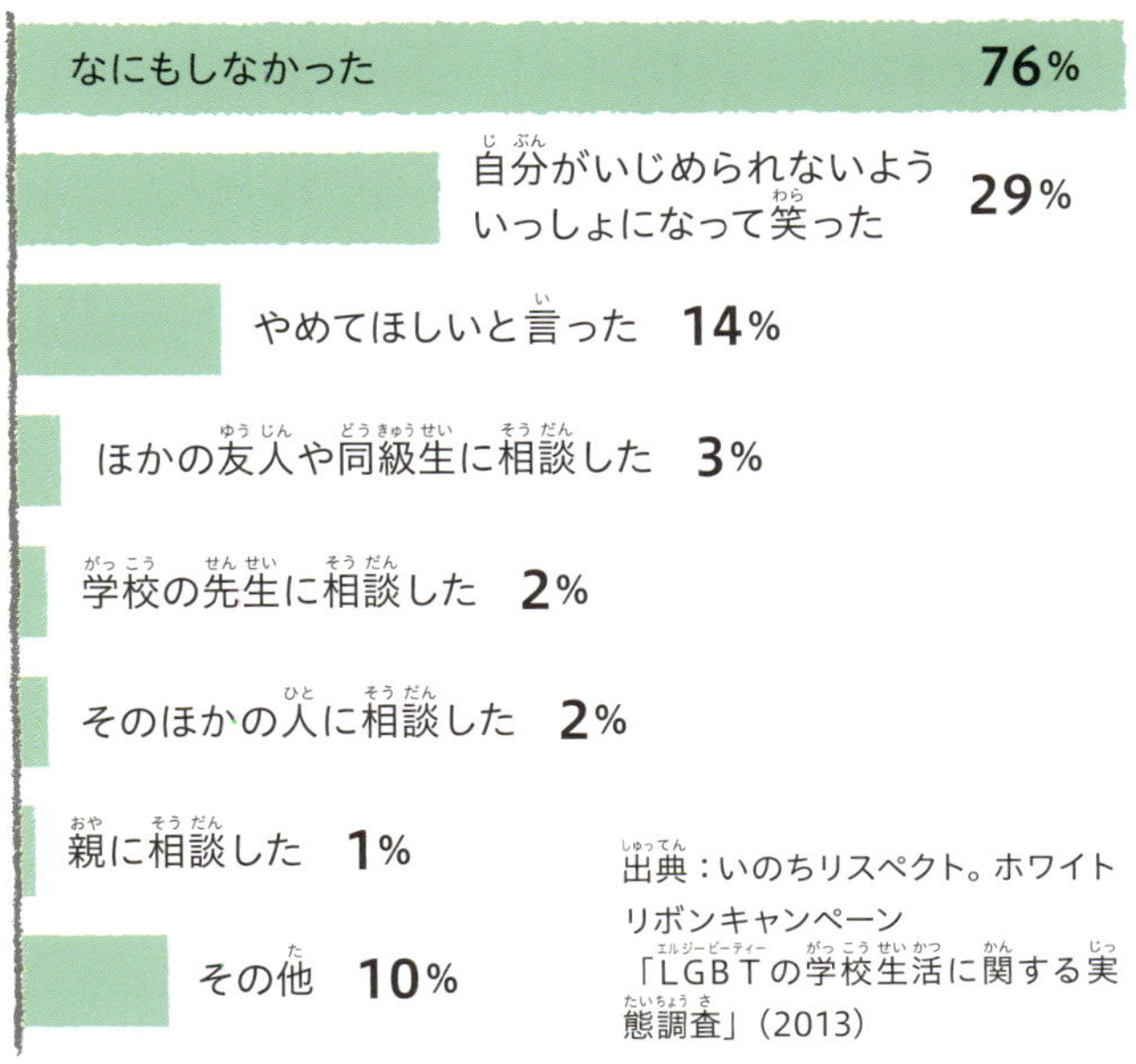

なにもしなかった 76%
自分《じぶん》がいじめられないよういっしょになって笑《わら》った 29%
やめてほしいと言《い》った 14%
ほかの友人《ゆうじん》や同級生《どうきゅうせい》に相談《そうだん》した 3%
学校《がっこう》の先生《せんせい》に相談《そうだん》した 2%
そのほかの人《ひと》に相談《そうだん》した 2%
親《おや》に相談《そうだん》した 1%
その他《た》 10%

出典《しゅってん》：いのちリスペクト。ホワイトリボンキャンペーン「LGBT《エルジービーティー》の学校生活《がっこうせいかつ》に関《かん》する実態調査《じったいちょうさ》」（2013）

そんなにくっついておまえたちゲイかよ。
やだー、気持《きも》ち悪《わる》ーい。
ゲイって笑《わら》われることなのかな……。
同性《どうせい》を好《す》きになるのは気持《きも》ち悪《わる》いの？

本当《ほんとう》の自分《じぶん》について話《はな》したほうがいいの？

自分《じぶん》の性別《せいべつ》に違和感《いわかん》をもっていることや、同《おな》じ性別《せいべつ》の子《こ》を好《す》きになることなど、自分《じぶん》の性《せい》についてだれかに打《う》ちあけることを「カミングアウト」というよ。

カミングアウトすることは、良《よ》いこともあるけれど、反対《はんたい》に、悪《わる》いこともあるかもしれない。

カミングアウトしたい

本当《ほんとう》の自分《じぶん》のことをかくしているのはつらい

ただ、ありのままの自分《じぶん》を知《し》ってほしい

なやんでいるから助《たす》けてほしい

相談相手《そうだんあいて》になってほしい

話《はな》すと気持《きも》ちが楽《らく》になるかも……

カミングアウトしたくない

話《はな》したらきらわれるかもしれない

ほかの人《ひと》に話《はなし》を広《ひろ》められたらどうしよう

いじめや差別《さべつ》にあったらどうしよう

今《いま》までの友《とも》だち関係《かんけい》が変《か》わってしまうかもしれない

話《はな》すか、話《はな》さないかは自分《じぶん》で決《き》めていい

カミングアウトをするかどうかを決《き》められるのは自分《じぶん》だけだよ。「だれに」するのか、「いつ」するのか、カミングアウトに決《き》まりはないんだ。「絶対《ぜったい》に話《はな》さないといけない」ことはないし、「絶対《ぜったい》に話《はな》してはいけない」こともないからね。自分《じぶん》の心《こころ》とよく相談《そうだん》して、決《き》めていいんだよ。

小学生《しょうがくせい》から高校生《こうこうせい》の間《あいだ》に自分《じぶん》がLGBT《エルジービーティー》であることを話《はな》した人数《にんずう》（当時《とうじ》） ※インターネット上《じょう》でのやりとりはふくまない。

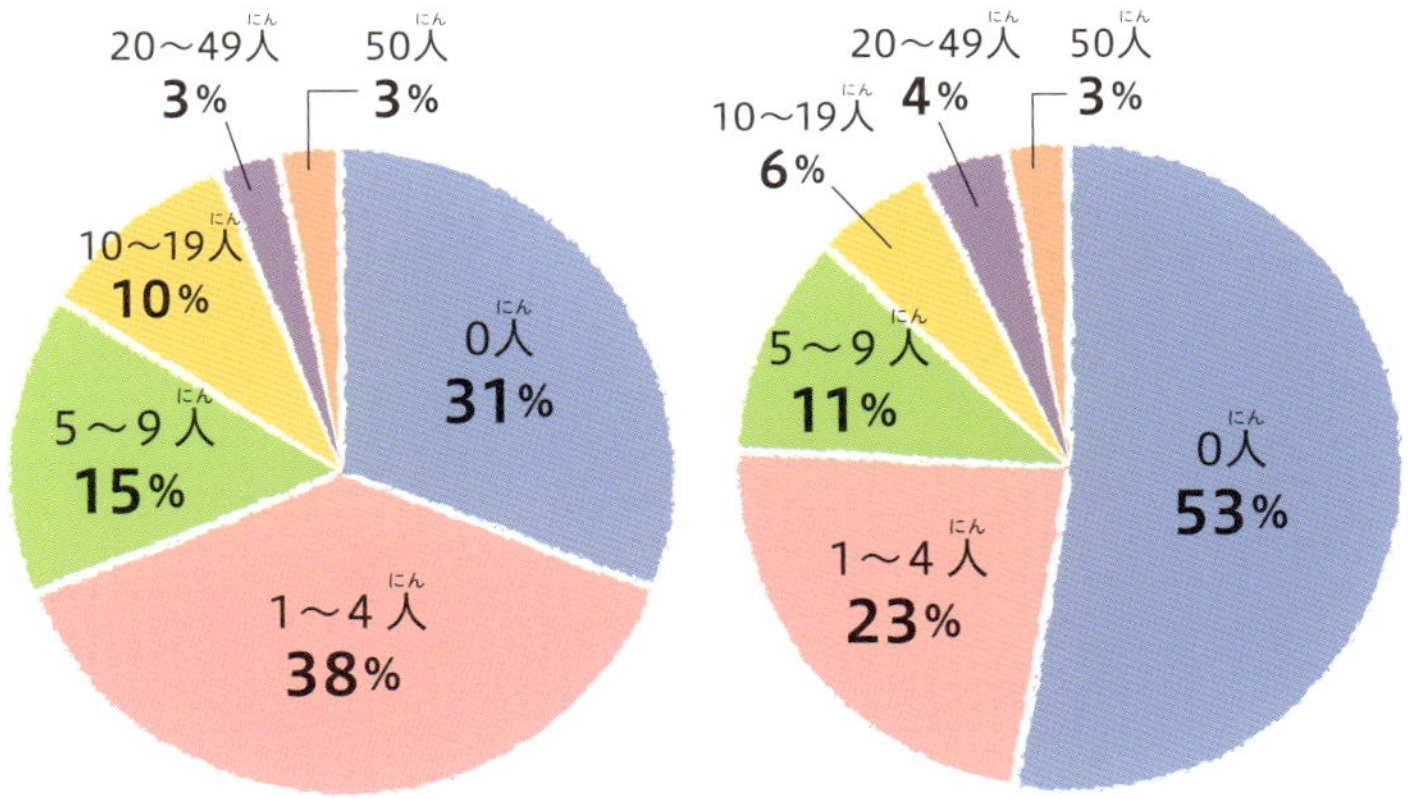
0人《にん》 31%
1～4人《にん》 38%
5～9人《にん》 15%
10～19人《にん》 10%
20～49人《にん》 3%
50人《にん》 3%
0人《にん》 53%
1～4人《にん》 23%
5～9人《にん》 11%
10～19人《にん》 6%
20～49人《にん》 4%
50人《にん》 3%

女子《じょし》　男子《だんし》

出典《しゅってん》：いのちリスペクト。ホワイトリボンキャンペーン「LGBT《エルジービーティー》の学校生活《がっこうせいかつ》に関《かん》する実態調査《じったいちょうさ》」（2013）

カミングアウトはしないけど、かくしたりもしない

ぼくは、言《い》う必要《ひつよう》もかくす必要《ひつよう》もないと思《おも》っていたよ。だから、自分《じぶん》から言《い》ったことはないけれど、聞《き》かれたら答《こた》えるようにしていたよ。

カミングアウトするのは勇気《ゆうき》がいる

わたしは、どうしても男子《だんし》トイレを使《つか》うのがいやだったから、最初《さいしょ》はお母《かあ》さんに相談《そうだん》したよ。そのあと、先生《せんせい》にも言《い》うことになったんだ。先生《せんせい》も協力《きょうりょく》してくれて、学校生活《がっこうせいかつ》で助《たす》けてもらったよ。でも、友《とも》だちには言《い》わなかったんだ。

カミングアウトはしない

わたしは、自分《じぶん》のことは絶対《ぜったい》に言《い》いたくないの。今《いま》までの、友《とも》だち関係《かんけい》がこわれるかもしれないし……。それに、今《いま》のところは、すごくつらいってこともないから、今《いま》は言《い》わなくてもいいかなって思《おも》っているんだ。

本当《ほんとう》はみんなにカミングアウトしたい

ぼくは、同《おな》じ立場《たちば》の友《とも》だちにだけ話《はな》したよ。同《おな》じ気持《きも》ちの子《こ》なら、わかってくれるからね。でも今《いま》は、そのほかの友《とも》だちや先生《せんせい》、家族《かぞく》には絶対《ぜったい》に言《い》えないな。LGBT《エルジービーティー》について、ふつうに話《はな》せる社会《しゃかい》になるといいよね。

カミングアウトするときは どうしたらいい？

もし、自分《じぶん》のことについて
カミングアウトしたいことがあったとき、
どうしたらいいのかな？
不安《ふあん》な気持《きも》ちもあって、うまく
伝《つた》えることができないかもしれない。
カミングアウトする前《まえ》に
話《はな》すことを考《かんが》えてみよう。

自分自身《じぶんじしん》での気持《きも》ちの整理《せいり》はできた？

自分《じぶん》の性《せい》について、
よく考《かんが》えてみよう。
体《からだ》の性《せい》、心《こころ》の性《せい》、好《す》きになる性《せい》、
自分《じぶん》はどうなんだろう。
もし、よくわからなくても大丈夫《だいじょうぶ》。
よく考《かんが》えてみることが
大切《たいせつ》だからね。

だれに話《はな》す？

まわりのだれに
話《はな》すのか決《き》めよう。
自分《じぶん》を知《し》ってもらうため
友《とも》だちに話《はな》すのもいい。
こまっていることを
助《たす》けてもらうために、家族《かぞく》や
先生《せんせい》に話《はな》すのもいいね。
保健室《ほけんしつ》の先生《せんせい》も、聞《き》いてくれる
かもしれないね。

本当《ほんとう》に話《はな》したいかな？

本当《ほんとう》に、話《はな》したいのか、
もう一度《いちど》、よく考《かんが》えてみよう。
「カミングアウトした人《ひと》はすごい！」
「本当《ほんとう》の自分《じぶん》をかくすのはだめ」
なんてことはないからね。
反対《はんたい》に、カミングアウトしては
いけないってこともないよ。

なにを話《はな》す？

「本当《ほんとう》の自分《じぶん》を知《し》ってもらいたい」
「こういうことにこまっているので
なんとかしてほしい」など、
話《はな》す理由《りゆう》はさまざまだよね。
なにを伝《つた》えたいのか、考《かんが》えてみよう。

話《はな》したあと、どうなるかも考《かんが》えたかな？

カミングアウトしたら、必《かなら》ず
全員《ぜんいん》がみとめてくれるわけでは
ないかもしれない。
そのときには、どうするかも
考《かんが》えておくといいね。
カミングアウトした相手《あいて》がすぐに
すべてを理解《りかい》してくれるのは
むずかしくても、時間《じかん》をかけて
伝《つた》えることもできるよ。

カミングアウトのしかたはいろいろ

カミングアウトのしかたは「だれに」「いつ」「どうやって話《はな》す」など、いちばん良《よ》い方法《ほうほう》は、人《ひと》によってちがうよ。子《こ》どものころに、話《はな》す人《ひと》もいるし、大人《おとな》になってからカミングアウトする人《ひと》もいるんだ。だれかに話《はな》したいけど、だれに話《はな》したらいいのかわからないときには、電話《でんわ》などで相談《そうだん》にのってくれるところもあるからね。（→85ページ）

自分自身《じぶんじしん》がLGBT《エルジービーティー》であることを打《う》ちあけた相手《あいて》（複数回答可《ふくすうかいとうか》）

	性別違和《せいべついわ》のある男子《だんし》	非異性愛《ひいせいあい》男子《だんし》	性別違和《せいべついわ》のある女子《じょし》	非異性愛《ひいせいあい》女子《じょし》
同級生《どうきゅうせい》	58%	61%	75%	77%
部活《ぶかつ》の友《とも》だち	29%	36%	36%	36%
その他《た》の学校《がっこう》の友《とも》だち	13%	31%	25%	22%
学校以外《がっこういがい》の友《とも》だち	42%	18%	24%	27%
担任《たんにん》の先生《せんせい》	29%	10%	17%	7%
保健室《ほけんしつ》の先生《せんせい》	23%	11%	22%	6%
その他《た》の先生《せんせい》	13%	10%	21%	7%
父親《ちちおや》	23%	7%	13%	5%
母親《ははおや》	58%	13%	31%	13%
きょうだい	13%	10%	16%	11%

出典《しゅってん》：いのちリスペクト。ホワイトリボンキャンペーン「LGBT《エルジービーティー》の学校生活《がっこうせいかつ》に関《かん》する実態調査《じったいちょうさ》」（2013）

※性別違和《せいべついわ》とは、自分《じぶん》の性別《せいべつ》に違和感《いわかん》をもっていること。
非異性愛《ひいせいあい》とは、好《す》きになる性《せい》が「異性愛《いせいあい》」以外《いがい》の人《ひと》のこと。

保健室《ほけんしつ》の先生《せんせい》に聞《き》いてもらいたい

保健室《ほけんしつ》に、LGBT《エルジービーティー》のポスターがはってあったんだ。だから、保健室《ほけんしつ》の先生《せんせい》ならわかってくれるかもと思《おも》って、カミングアウトしたよ。そのほかの先生《せんせい》や、友《とも》だちには話《はな》さなかったけれど、ひとりでも自分《じぶん》のことをわかっている人《ひと》がいると思《おも》うと心強《こころづよ》かったんだ。

親友《しんゆう》には知《し》ってほしい

親友《しんゆう》に、本当《ほんとう》の自分《じぶん》をかくしているのがつらくなって、話《はな》したの。なにか、こまっていることがあったわけではないけれど、ただ自分《じぶん》のことを知《し》ってほしかったんだ。親友《しんゆう》は「話《はな》してくれてありがとう」っていってくれて、それからは、いつでも相談《そうだん》にのってくれるようになったよ。

本当《ほんとう》は家族《かぞく》に話《はな》したい

わたしは、いつか家族《かぞく》には話《はな》したいと思《おも》っているの。だけど、今《いま》はまだ、自分自身《じぶんじしん》もうまく伝《つた》えられないと思《おも》うから、だれにもカミングアウトしていないよ。少《すこ》しずつでもわかってもらえるようにいつか話《はな》せるといいな。

考《かんが》えてみよう！

もし自分《じぶん》だったら
カミングアウト
できるかな？

カミングアウトをうけたら どうしたらいいの？

もし、友《とも》だちからLGBT《エルジービーティー》であることを打《う》ちあけられたら、
とまどってしまうかもしれないね。
だけど、相手《あいて》は「君《きみ》だから」
話《はな》してくれたのかもしれないよ。
カミングアウトをされたとき、
どうしたらいいのか、考《かんが》えてみよう。

相手《あいて》の話《はなし》をきちんと聞《き》こう

どんな話《はなし》でも、
最後《さいご》まできちんと聞《き》こう。
相手《あいて》も、きんちょうして、
じょうずに話《はな》せないかもしれないね。
話《はな》されたことを、すぐに否定《ひてい》したり、
決《き》めつけたりしないように、
ゆっくり相手《あいて》の話《はなし》を聞《き》いてみよう。

どうしてほしいかを聞《き》こう

相手《あいて》は、ただ聞《き》いてほしかったのか、
なにか助《たす》けてほしかったのか、
話《はな》した理由《りゆう》があるかもしれない。
「なにかできることはある？」と
聞《き》いてみよう。

だれに話《はな》しているかを聞《き》こう

自分以外《じぶんいがい》にも、
カミングアウトしている人《ひと》が
いるか聞《き》いておこう。
勝手《かって》に、ほかの人《ひと》に話《はな》しては
いけないからね。
もちろん、自分《じぶん》のほかに
カミングアウトしている人《ひと》が
いても、その人《ひと》と、勝手《かって》に
話《はな》すのは良《よ》くないよ。

相手《あいて》のことを決《き》めつけないようにしよう

話《はなし》を聞《き》いて、「かんちがいじゃない？」とか「そのうち治《なお》るよ」などと、決《き》めつけてはいけないよ。性《せい》のありかたは、ほかの人《ひと》が決《き》めることはできなくて、本人《ほんにん》が決《き》めるものだからね。相手《あいて》が、自分《じぶん》の性《せい》のありかたにまよっていたり、決《き》められないでいてもそのままの相手《あいて》を受《う》け入《い》れられるといいね。

話《はな》してくれたことに感謝《かんしゃ》を伝《つた》えよう

カミングアウトする前《まえ》の相手《あいて》は不安《ふあん》だったかもしれない。もし、あなたが、具体的《ぐたいてき》に助《たす》けることができなくても、ちゃんと聞《き》いてくれただけで相手《あいて》はすごく楽《らく》な気持《きも》ちになることもあるよ。「話《はな》してくれてありがとう」と伝《つた》えられたら、相手《あいて》も安心《あんしん》できるね。

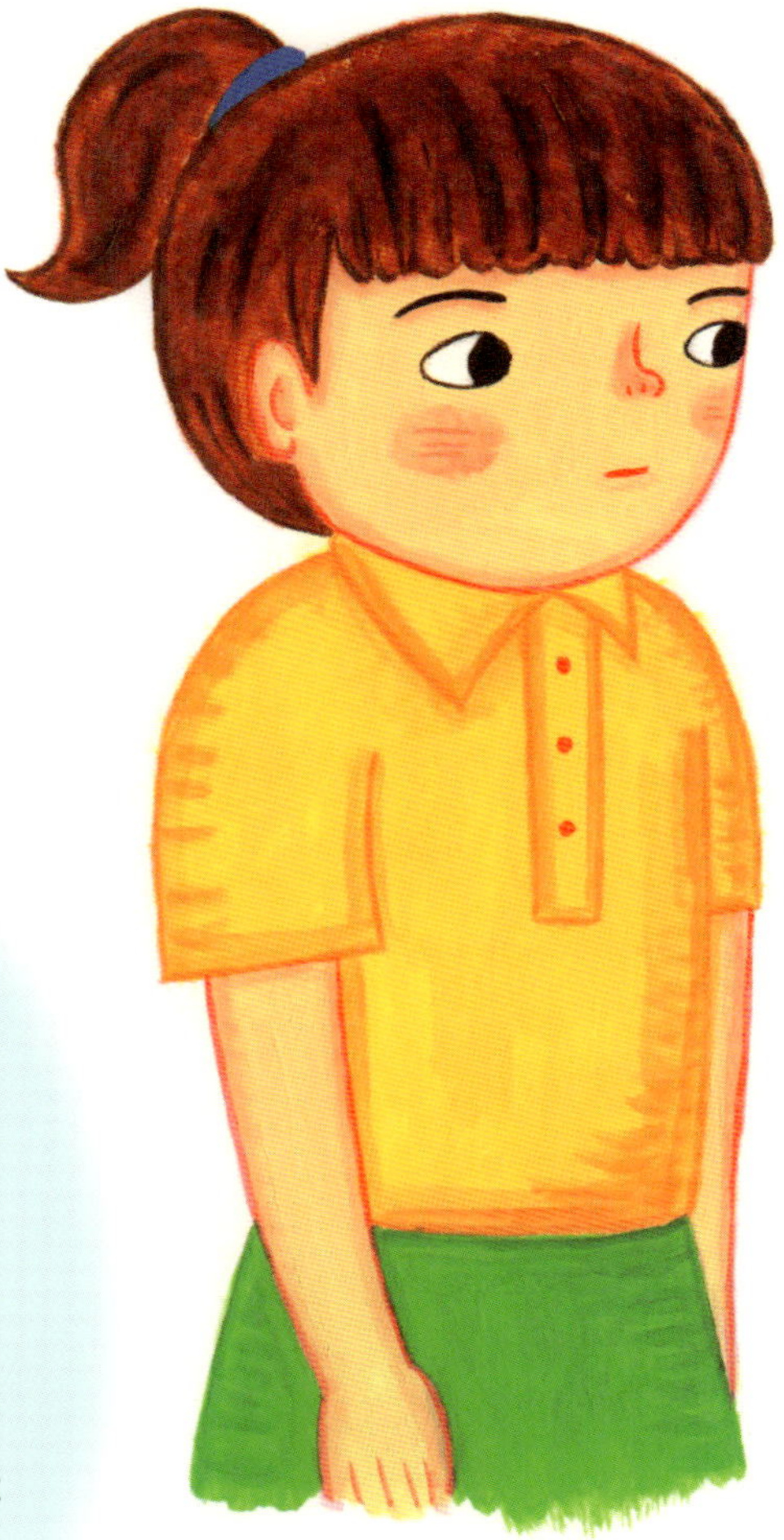

からかいの言葉《ことば》や否定的《ひていてき》な言葉《ことば》に気《き》をつけよう

話《はなし》を聞《き》いて、おおげさにおどろいたり、「芸能人《げいのうじん》の○○と同《おな》じだ！」などとからかったりしてはいけないよ。「こんなことを言《い》ったらきずつくかな？」と考《かんが》えてから話《はな》すように心《こころ》がけよう。

考《かんが》えてみよう！

- あなたがカミングアウトされたらどうする？
- ほかにできることはあるかな？

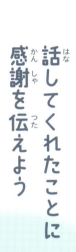

カミングアウトをうけてとまどったら

もし、友《とも》だちやまわりの人《ひと》からカミングアウトを受《う》けたとき、すぐに相手《あいて》を受《う》け入《い》れられるかな？
もしかすると、どうしても、
とまどってしまうこともあるかもしれないね。
でもそれは、悪《わる》いことではないよ。
友《とも》だちと向《む》きあうために、
自分自身《じぶんじしん》の気持《きも》ちとも向《む》きあってみよう。

今《いま》までどおり、すごせるのかな？

友《とも》だちが、男《おとこ》の子《こ》が好《す》きだって聞《き》いて
すごくびっくりしてしまった。
友《とも》だちのことは、
きらいになったわけじゃないけど
正直《しょうじき》、これからどうやって
せっしたらいいのかわからないな……。

その人《ひと》が変《か》わったわけではない

「性《せい》のありかた」がまわりの人《ひと》と少《すこ》しちがっただけで、その人自身《ひとじしん》が変《か》わったわけではないよ。でも、いきなり言《い》われて、すぐに理解《りかい》できないのも、悪《わる》いことではないよ。少《すこ》しずつ、わかっていけるといいね。

今《いま》まで、知《し》らないうちにきずつけていたかも

まさか、自分《じぶん》のまわりにも
LGBT《エルジービーティー》の人がいるとは思《おも》わなかったから、
ふざけて、テレビのおネエタレントの
まねをして笑《わら》っていたりしていたんだ。
今《いま》まで、きずつけていたのかな。

これから気《き》をつけよう！

もし、そう思《おも》ったなら、その気持《きも》ちを相手《あいて》に伝《つた》えてみよう。相手《あいて》が、今《いま》までいやだったことや苦《くる》しかったことを教《おし》えてくれたら、これからはしないよう気《き》をつければいいんじゃないかな。

ひとりでは、かかえきれないかも

カミングアウトをしてくれた友《とも》だちを助《たす》けてあげたいと思《おも》うけど……。
知《し》らないことだらけで
どうしていいかわからないんだ。
でも、まわりの人《ひと》にはいわないでって
いわれているし……。

相談《そうだん》できるところもあるよ

今《いま》、LGBT《エルジービーティー》についての本《ほん》がいろいろあるよ（→106～109ページ）。図書館《としょかん》などで、わからないことについて調《しら》べてみるのもいいね。また、LGBT《エルジービーティー》の人《ひと》や、そのまわりの人《ひと》の相談《そうだん》にのってくれるところもたくさんあるよ（→85ページ）。そういうところに、聞《き》いてみてもいい。でも、そのとき、名前《なまえ》や学校《がっこう》、住《す》んでいる場所《ばしょ》などの個人情報《こじんじょうほう》を勝手《かって》に話《はな》さないように気《き》をつけてね。

とまどってしまって失礼《しつれい》だよね

本当《ほんとう》は、すぐに相手《あいて》のことを
受《う》け入《い》れたいと思《おも》ってたけど、
どうしてもとまどってしまったんだ。
大好《だいす》きな友《とも》だちに対《たい》して、失礼《しつれい》だよね。
ぼくってつめたい人《ひと》なのかな。

考《かんが》えるきっかけにしよう

とまどう気持《きも》ちは、悪《わる》いことではないよ。でも、「うそだ」などとすぐに、相手《あいて》を否定《ひてい》するようなことはしないでね。とまどってしまったのは、ずっと「男《おとこ》の子《こ》は女《おんな》の子《こ》を好《す》きになる」とか「女《おんな》の子《こ》は男《おとこ》の子《こ》を好《す》きになる」ということが当《あ》たり前《まえ》だと思《おも》っていたからかもしれないね。これをきっかけに、今《いま》まで自分《じぶん》が「ふつう」とか「当《あ》たり前《まえ》」と思《おも》っていたことを「本当《ほんとう》にそうなのかな？」「友《とも》だちの個性《こせい》は？」「自分《じぶん》の個性《こせい》は？」って考《かんが》えてみよう。

話《はな》すほうも不安《ふあん》だよ

カミングアウトをする人《ひと》は、とても不安《ふあん》な気持《きも》ちの場合《ばあい》が多《おお》いんだ。「相手《あいて》に受《う》け入《い》れてもらえるか」や「いじめられたらどうしよう」とかいろんな気持《きも》ちをかかえながら、話《はな》してくれるかもしれない。だからカミングアウトされて、すぐに理解《りかい》できなくても、「自分《じぶん》には絶対《ぜったい》に理解《りかい》できない」とは思《おも》わずに、まずは、相手《あいて》や自分《じぶん》の気持《きも》ちと向《む》きあってみることが大切《たいせつ》だよ。

こんな理由《りゆう》で話《はな》せない人《ひと》が多《おお》いんだね。

自分《じぶん》がLGBT《エルジービーティー》であることを、話《はな》さなかった相手《あいて》がいた場合《ばあい》、どうして話《はな》さなかったかの理由《りゆう》（複数回答可《ふくすうかいとうか》）

	性別違和《せいべついわ》のある男子《だんし》	非異性愛《ひいせいあい》男子《だんし》	性別違和《せいべついわ》のある女子《じょし》	非異性愛《ひいせいあい》女子《じょし》
理解《りかい》されるか不安《ふあん》だった	62%	67%	66%	59%
話《はな》すといじめや差別《さべつ》を受《う》けそうだった	60%	59%	38%	33%
特《とく》に話《はな》す必要《ひつよう》を感《かん》じなかった	34%	46%	45%	49%
どう話《はな》したらいいかわからなかった	51%	40%	46%	39%
そのほかの理由《りゆう》で話《はな》さなかった	14%	10%	9%	10%
話《はな》さなかった相手《あいて》は特《とく》にいない	2%	1%	3%	1%

出典《しゅってん》：いのちリスペクト。ホワイトリボンキャンペーン「LGBT《エルジービーティー》の学校生活《がっこうせいかつ》に関《かん》する実態調査《じったいちょうさ》」（2013）

※性別違和《せいべついわ》とは、自分《じぶん》の性別《せいべつ》に違和感《いわかん》をもっていること。
非異性愛《ひいせいあい》とは、好《す》きになる性《せい》が「異性愛《いせいあい》」以外《いがい》の人《ひと》のこと。

カミングアウトされたあと、してはいけないことは？

カミングアウトをされたあと、聞《き》いた話《はなし》を、勝手《かって》にまわりの人《ひと》に話《はな》してしまうことを「アウティング」というよ。
アウティングは絶対《ぜったい》にやってはいけないこと。
気《き》づかないうちに、相手《あいて》をきずつけることがないように
アウティングについて知《し》っておこう。

だれかの性《せい》のありかたを勝手《かって》にまわりの人《ひと》に話《はな》してしまうのが、アウティング。
たとえ、はげますためや安心《あんしん》させるためだったとしても、絶対《ぜったい》に話《はな》してはいけないよ。

SNS《エスエヌエス》など、ほかの人《ひと》にも見《み》える場所《ばしょ》に勝手《かって》に書《か》いてはいけないよ。
名前《なまえ》を出《だ》さなかったとしても、ほかの人《ひと》からもわかってしまうように書《か》くのもアウティングになるよ。

助《たす》けてあげたいと思《おも》って、先生《せんせい》や、その人《ひと》の家族《かぞく》など大人《おとな》につい相談《そうだん》したくなることもあるよね。
でも、それも勝手《かって》に話《はな》すと相手《あいて》をきずつけることもあるよ。
相談《そうだん》するときには、必《かなら》ず本人《ほんにん》に話《はな》していいかどうかを聞《き》いてからにしよう。

いろいろな相談《そうだん》できるところ

日本《にほん》にも、性《せい》のありかたについて、
さまざまな相談《そうだん》できる場所《ばしょ》があるよ。
LGBT《エルジービーティー》の人《ひと》だけじゃなく、
性《せい》のありかたになやんでいたり、こまっている人《ひと》、
また、そのまわりの人《ひと》も
電話《でんわ》やメールで話《はなし》を聞《き》いてもらえるよ。
もちろん、話《はな》したことのひみつは守《まも》ってもらえるので、
安心《あんしん》して、たよって大丈夫《だいじょうぶ》だよ。

子《こ》どもの人権《じんけん》110番《ばん》（法務省《ほうむしょう》）

http://www.moj.go.jp/JINKEN/jinken112.html

☎0120-007-110
○月《げつ》～金曜日《きんようび》 午前《ごぜん》8時《じ》30分《ぷん》～午後《ごご》5時《じ》15分《ふん》

電話番号《でんわばんごう》は全国共通《ぜんこくきょうつう》で通話無料《つうわむりょう》だよ。メールで相談《そうだん》したい人《ひと》には、インターネット人権相談受付窓口《じんけんそうだんうけつけまどぐち》「子《こ》どもの人権《じんけん》SOS-eメール《エスオーエスイー》」（http://www.jinken.go.jp）もあるよ。

フレンズライン
FRENS《フレンズ》

http://blog.canpan.info/frens/archive/96

☎080-9062-2416
○毎週日曜日《まいしゅうにちようび》 午後《ごご》5時《じ》～午後《ごご》9時《じ》

24歳以下《さいいか》の子《こ》どもや若者《わかもの》、まわりの大人対象《おとなたいしょう》で電話相談《でんわそうだん》をしているよ。

AGP《エージーピー》こころの相談《そうだん》

http://www.agp-online.jp/

☎050-5539-0246
○毎週火曜日《まいしゅうかようび》　午後《ごご》8時《じ》～午後《ごご》10時《じ》

AGP《エージーピー》はLGBT《エルジービーティー》に理解《りかい》のある医療《いりょう》、福祉《ふくし》、心理関係《しんりかんけい》の人《ひと》の団体《だんたい》だよ。専門《せんもん》の医師《いし》や臨床心理士《りんしょうしんりし》の相談員《そうだんいん》が、LGBT《エルジービーティー》についての相談《そうだん》に乗《の》ってくれるよ。

君のままでいい.jp

http://kiminomamadeii.jp/

自分《じぶん》の性《せい》に不安《ふあん》やなやみをもつ中学生《ちゅうがくせい》、高校生《こうこうせい》に、大人《おとな》や先《せん》ぱいからのメッセージをとどけるサイトもあるよ。

よりそいホットライン

http://279338.jp/yorisoi/

一般社団法人社会的包摂《いっぱんしゃだんほうじんしゃかいてきほうせつ》サポートセンター

☎0120-279-338（全国《ぜんこく》の人《ひと》）
☎0120-279-226
（東日本大震災被災《ひがしにほんだいしんさいひさい》3県《けん》の岩手《いわて》・宮城《みやぎ》・福島《ふくしま》に住《す》んでいる人《ひと》）
○24時間《じかん》

24時間通話無料《じかんつうわむりょう》で、携帯電話《けいたいでんわ》や公衆電話《こうしゅうでんわ》からもかけられるよ。電話《でんわ》をかけて、音声《おんせい》ガイダンスがながれたら「4」をおすと、性別《せいべつ》や同性愛《どうせいあい》などにかかわる相談窓口《そうだんまどぐち》につながるんだ。

このほかにも、いろいろな自治体《じちたい》や団体《だんたい》が相談窓口《そうだんまどぐち》を開設《かいせつ》しているよ。
インターネットで、「（住《す》んでいる地域《ちいき》の名前《なまえ》）LGBT《エルジービーティー》相談窓口《そうだんまどぐち》」で検索《けんさく》してみるのもいいね。

わたし、全然《ぜんぜん》気《き》づきませんでした。

ぼくも、あのふたりの様子《ようす》で、なんとなくふしぎに思《おも》うところもあったんですけど、あまり気《き》にしてませんでした。

もっと早《はや》く気《き》づいてあげたかったな。

でも、あのふたりのまわりにはわかってくれる子《こ》たちがいてよかったですね。

はい……わたしも、どうしたらいいか調《しら》べてみなきゃ。

LGBTの本
そうですね。

LGBTの本

友《とも》だちだけでなく、先生《せんせい》に助《たす》けてもらうことはできるかな？　LGBT《エルジービーティー》の子《こ》たちは、先生《せんせい》たちにしてほしいことはあるのかな。

先生《せんせい》たちにできること

わたしたちにもできることってないのかな？

まわりの女子《じょし》とちがう自分《じぶん》にすごくとまどってたんだ。だから、授業《じゅぎょう》とかでいろいろな性《せい》のありかたについて教《おし》えてくれたら、自分《じぶん》もそうかもって気《き》づけたかも。

うちは、教室《きょうしつ》の掲示物《けいじぶつ》とかを女子《じょし》と男子《だんし》でちがう色《いろ》に分《わ》けられているのがいつも悲《かな》しかったな。男女《だんじょ》で分《わ》ける必要《ひつよう》がないこともあると思《おも》うんだけど……。

LGBT《エルジービーティー》についてのニュースや話題《わだい》を取《と》りあげて話《はな》そうと思《おも》うんだけど、どう？

LGBT《エルジービーティー》について知《し》るきっかけになるよ！

LGBT《エルジービーティー》などについての、本《ほん》や資料《しりょう》を、教室《きょうしつ》や図書館《としょかん》においてみようかな。

いろいろな性《せい》のありかたを理解《りかい》する子《こ》がふえると思《おも》う！

LGBT《エルジービーティー》について、からかいや笑《わら》いのネタにされていたら注意《ちゅうい》してほしいんだ。

みんないっしょに笑《わら》っていても、心《こころ》のなかでは悲《かな》しい子《こ》もいるんだ。

「男《おとこ》の子《こ》なんだから」「女《おんな》の子《こ》だから」という言《い》いかたはしないでほしいな。

「男《おとこ》」とか「女《おんな》」ではなく、「ひとりの人間《にんげん》」として見《み》てほしいな。

「いつか結婚《けっこん》したら」とか「将来《しょうらい》、子《こ》どもができたときに」など将来《しょうらい》は結婚《けっこん》や育児《いくじ》をすることが当《あ》たり前《まえ》として話《はな》さないでほしいの。

「この先生《せんせい》になら話《はな》しても大丈夫《だいじょうぶ》そう」って思《おも》える先生《せんせい》がいると心強《こころづよ》いな。

りん〜！次《つぎ》、プールだよ〜！
女子更衣室
じゃあ、むこうで着《き》がえてくるね！
あとでねー
ピーーッ
じゃあ2列《れつ》にならんでねー。
ザワ
ザワ
まこっちゃん！クロールのタイム競争《きょうそう》な！
うちのほうが絶対《ぜったい》はやいもん〜。
なんだとー
ぜったいまけねー
はやく入りたーい
あはは
あはは

4 章《しょう》

将《しょう》来《らい》は、みんなはどうしている？

中学校《ちゅうがっこう》や高校《こうこう》でのこと、将来《しょうらい》の仕事《しごと》や、結婚《けっこん》のこと、
将来《しょうらい》の自分《じぶん》について、気《き》になることはたくさんあるよね。
なりたい自分《じぶん》になれたら、きっと楽《たの》しくすごせるんじゃないかな。
わたしたちにはどんな未来《みらい》がまっているんだろう。

中《ちゅう》学《がく》や高《こう》校《こう》では気《き》持《も》ちよくすごせるのかな？

中学《ちゅうがく》や高校《こうこう》では、男女《だんじょ》でことなる制服《せいふく》がある学校《がっこう》も多《おお》いよ。体育《たいいく》はふつう男女別《だんじょべつ》の授業《じゅぎょう》で、内容《ないよう》もちがったりするよ。運動部《うんどうぶ》などの部活《ぶかつ》も、男女別《だんじょべつ》のことが多《おお》いんだ。

小学校高学年《しょうがっこうこうがくねん》から中学校《ちゅうがっこう》にかけて、体《からだ》が成長《せいちょう》し、体《からだ》の性《せい》による男女《だんじょ》の差《さ》が出《で》てくるからね。体《からだ》の性《せい》の特徴《とくちょう》がはっきりしてくるとともに、心《こころ》の性《せい》、好《す》きになる性《せい》、表現《ひょうげん》する性《せい》をより意識《いしき》したり、恋《こい》の話《はなし》や、おしゃれの話《はなし》をすることも多《おお》くなるかもしれない。

心《こころ》と体《からだ》が大人《おとな》に向《む》かって成長《せいちょう》していく時期《じき》だからこそ、性《せい》について、なやんだり、苦《くる》しんだりする人《ひと》たちもいるんだ。

スカートの制服《せいふく》……
いやだな。
着《き》たくないよ。

テニス部《ぶ》に入《はい》りたいけど
男子部《だんしぶ》だと、着《き》がえとか
こまるな。

たなかくん
せっかく新《あたら》しい
先生《せんせい》や友《とも》だちに
出会《であ》うんだから
「田中《たなか》くん」じゃなくて
「田中《たなか》さん」とか
「まあちゃん」と
よばれたい。

文《もん》部《ぶ》科《か》学《がく》省《しょう》の取《と》り組《く》み

LGBT《エルジービーティー》などセクシュアルマイノリティの子《こ》どもたちが、少《すこ》しでも学校《がっこう》で気持《きも》ちよくすごせるように、文部科学省《もんぶかがくしょう》から、教職員《きょうしょくいん》に向《む》けてパンフレットが作成《さくせい》されたよ。

そこには、制服《せいふく》やトイレなどの取《と》り組《く》みの例《れい》について記《しる》されているんだ。もちろん、みんながこの通《とお》りにする必要《ひつよう》はなくて、ひとりひとりがすごしやすいことが大切《たいせつ》だよ。

学校《がっこう》における支援《しえん》の例《れい》

項目《こうもく》	内容《ないよう》
服装《ふくそう》	心《こころ》の性《せい》に合《あ》わせた制服《せいふく》や体操着《たいそうぎ》を着《き》る
かみがた	かみをのばすことができる（戸籍上《こせきじょう》の男性《だんせい》）
更衣室《こういしつ》	保健室《ほけんしつ》や多目的《たもくてき》トイレで着《き》がえる
トイレ	職員《しょくいん》トイレや多目的《たもくてき》トイレを使《つか》う
よびかた	学校内《がっこうない》の文書《ぶんしょ》を希望《きぼう》するよびかたで記《しる》す 心《こころ》の性《せい》で名簿《めいぼ》にのせる
体育《たいいく》	保健体育《ほけんたいいく》の授業《じゅぎょう》に別《べつ》メニューをつくる
水泳《すいえい》	上半身《じょうはんしん》をかくす水着《みずぎ》を着《き》る（戸籍上《こせきじょう》の男性《だんせい》）
部活動《ぶかつどう》	心《こころ》の性《せい》に合《あ》わせた部活動《ぶかつどう》に参加《さんか》する
修学旅行《しゅうがくりょこう》	ひとり部屋《べや》を使《つか》う　入浴時間《にゅうよくじかん》をずらす

文部科学省《もんぶかがくしょう》「性同一性障害《せいどういつせいしょうがい》に係《かかわ》る児童生徒《じどうせいと》に対《たい》するきめ細《こま》かな対応《たいおう》の実施等《じっしとう》について」（平成《へいせい》27年《ねん》4月《がつ》30日《にち》）の別紙《べっし》より作成《さくせい》

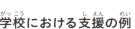

こんな取《と》り組《く》みもあるよ

LGBT《エルジービーティー》などセクシュアルマイノリティの子《こ》どもたちが安心《あんしん》してすごせるように、いろいろな取《と》り組《く》みをしている学校《がっこう》があるよ。

●だれでもトイレをつくる

心《こころ》の性《せい》と体《からだ》の性《せい》がちがう人《ひと》は、男《だん》子《し》トイレ、女子《じょし》トイレと分《わ》かれていると、どちらのトイレを使《つか》うかこまってしまう。心《こころ》の性《せい》とちがうトイレに無理《むり》に入《はい》らなければいけないので、いやな思《おも》いをすることも多《おお》いんだ。そこで、車《くるま》いすの人《ひと》などが使《つか》える性別《せいべつ》に関係《かんけい》のない多目的《たもくてき》トイレを、さらに工夫《くふう》して、どんな性《せい》の人《ひと》でも、安心《あんしん》して使《つか》える「だれでもトイレ」をつくる取《と》り組《く》みがおこなわれているよ。

でも、目立《めだ》つトイレになると、逆《ぎゃく》に使《つか》いにくいと感《かん》じる人《ひと》もいるよ。

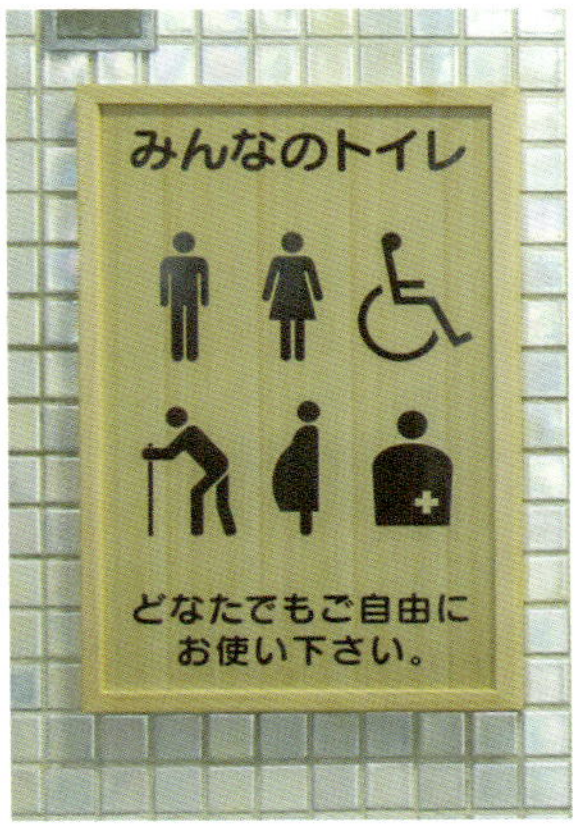

男子《だんし》と女子《じょし》のマークをふくむ6種類《しゅるい》のマークがはいっていて、だれでもつかってもよいことがわかる「みんなのトイレ」。

写真提供《しゃしんていきょう》：学校《がっこう》のトイレ研究会《けんきゅうかい》

●選《えら》べる制服《せいふく》に

制服《せいふく》があっても、全員《ぜんいん》決《き》まって身《み》につけるのは、上着《うわぎ》のブレザーだけ、あとは、ネクタイかリボンか、スカートかスラックスかを自分《じぶん》で選《えら》ぶことを決《き》めた学校《がっこう》もあるんだ。スラックスは、女性《じょせい》の体型《たいけい》にも合《あ》ったデザインになっているよ。心《こころ》の性《せい》や表現《ひょうげん》する性《せい》に合《あ》った制服《せいふく》を着《き》るのを「選《えら》ぶ」ことができるね。

●理解《りかい》を広《ひろ》げる

中学校《ちゅうがっこう》の道徳《どうとく》の教科書《きょうかしょ》の一部《いちぶ》で、LGBT《エルジービーティー》のことが取《と》りあげられるようになったんだ。これまで、高校《こうこう》の家庭科《かていか》や世界史《せかいし》の一部《いちぶ》の教科書《きょうかしょ》で少《すこ》しふれられたことはあったけど、これからは、中学校《ちゅうがっこう》でも、理解《りかい》を広《ひろ》げる授業《じゅぎょう》がはじまるよ。いろいろな人《ひと》がいることを知《し》り、多様性《たようせい》を理解《りかい》することが、いじめや差別《さべつ》をなくすはじまりになるはずだ。

●校則《こうそく》を考《かんが》える

学校《がっこう》が決《き》める「校則《こうそく》」には服装《ふくそう》だけでなく、たとえばかみがたなどについても、男子《だんし》は短《みじか》くなどと、男女《だんじょ》に分《わ》けて決《き》められていることも多《おお》い。それ以外《いがい》にも、もともとかみの毛《け》の色《いろ》が茶色《ちゃいろ》っぽい人《ひと》は、黒《くろ》くそめないといけないという校則《こうそく》が問題《もんだい》になったこともあるよ。こうした校則《こうそく》や、校則《こうそく》の上《うえ》での男女別《だんじょべつ》のあつかいをなくそうという取《と》り組《く》みもおこなわれているんだ。「男《おとこ》」「女《おんな》」を記入《きにゅう》しなければならない書類《しょるい》なども、本当《ほんとう》にそれが必要《ひつよう》か見直《みなお》されはじめているよ。

トランスジェンダーの中学生《ちゅうがくせい》の物語《ものがたり》をのせた道徳《どうとく》の教科書《きょうかしょ》。

写真提供《しゃしんていきょう》：日本教科書株式会社《にほんきょうかしょかぶしきがいしゃ》

将来《しょうらい》はふつうに働《はたら》けるのかな?

LGBT《エルジービーティー》などセクシュアルマイノリティの人《ひと》は特別《とくべつ》な職業《しょくぎょう》につく、というわけではないよ。民間《みんかん》の企業《きぎょう》や、公務員《こうむいん》や専門職《せんもんしょく》としても、働《はたら》いているよ。

ただ、入社試験《にゅうしゃしけん》を受《う》けるために必要《ひつよう》なりれきしょに、性別《せいべつ》を書《か》くところがあったり、男女《だんじょ》を別々《べつべつ》の枠《わく》で採用《さいよう》することもある。会社《かいしゃ》によっては、男女別《だんじょべつ》の制服《せいふく》やルールがあるかもしれない。

でも、トランスジェンダーの人《ひと》は、自分《じぶん》の心《こころ》の性《せい》を会社《かいしゃ》に伝《つた》えて、その性《せい》に合《あ》った働《はたら》きかたを選《えら》ぶこともあるし、職場《しょくば》の人《ひと》に話《はな》さないことを選《えら》ぶこともある。

最近《さいきん》は、だれでも働《はたら》きやすい職場《しょくば》にするために、企業《きぎょう》として積極的《せっきょくてき》に環境《かんきょう》を整《ととの》えている会社《かいしゃ》もあるから、LGBT《エルジービーティー》の人《ひと》なども働《はたら》きやすくなってきているよ。

心《こころ》の性《せい》に合《あ》わせた服装《ふくそう》で
働《はたら》きたかったから、まず
制服《せいふく》のない仕事《しごと》がいいと思《おも》った。
あと、「女性《じょせい》だから」って考《かんが》えかたを
しない会社《かいしゃ》を選《えら》んだよ。

好《す》きになるのは男性《だんせい》だけど、
職場《しょくば》の人《ひと》には話《はな》していない。
でも、家族《かぞく》や友人《ゆうじん》には話《はな》していて、
理解《りかい》してくれているから
苦《くる》しむこともあまりなく、
職場《しょくば》ではふつうに働《はたら》いているよ。
CAFE
CAFE

職場《しょくば》の上司《じょうし》に
「彼女《かのじょ》はいないの?」って
言《い》われるのがいやで、
カミングアウトしたんだ。
わかってくれたよ。

面接《めんせつ》のときに、
戸籍上《こせきじょう》は女性《じょせい》だけど、
心《こころ》は男性《だんせい》で、男性《だんせい》として
仕事《しごと》がしたいと話《はな》したんだ。
理解《りかい》のある会社《かいしゃ》で、
気持《きも》ちよく働《はたら》いているよ。

働《はたら》きやすい職場《しょくば》をめざして

だれもがそれぞれの能力《のうりょく》を発揮《はっき》できる、働《はたら》きやすい職場《しょくば》があるといいよね。でも、LGBT《エルジービーティー》の人《ひと》たちは、制度《せいど》の面《めん》や、いっしょに働《はたら》く人《ひと》たちの意識《いしき》の面《めん》などで、苦労《くろう》することも多《おお》いんだ。そうした苦労《くろう》をなくし、ありのままの自分《じぶん》で働《はたら》くことができるように、さまざまな取《と》り組《く》みをしている企業《きぎょう》や団体《だんたい》があるよ。

PRIDE《プライド》指標《しひょう》ってなに？

PRIDE《プライド》指標《しひょう》は、「LGBT《エルジービーティー》の人《ひと》が誇《ほこ》り（PRIDE《プライド》）をもって働《はたら》ける職場《しょくば》」をめざす取《と》り組《く》みだよ。LGBT《エルジービーティー》の人《ひと》たちを差別《さべつ》しない企業《きぎょう》の考《かんが》えかたや、働《はたら》きやすい職場《しょくば》環境《かんきょう》を整《ととの》えているかを、評価《ひょうか》するための基準《きじゅん》なんだ。PRIDE《プライド》とは、P《ピー》（ポリシー）、R《アール》（リプリゼンテイション）、I《アイ》（インスピレイション）、D《ディー》（ディヴェロップメント）、E《イー》（エンゲージメント／エンパワーメント）を指《さ》しているんだよ。

評価指標《ひょうかしひょう》の内容《ないよう》の例《れい》

任意団体《にんいだんたい》「work with Pride《ワークウイズプライド》」が2016年《ねん》に策定《さくてい》したPRIDE指標《プライドしひょう》より作成《さくせい》

P《ピー》(Policy《ポリシー》) 行動宣言《こうどうせんげん》

会社《かいしゃ》としてLGBT等《エルジービーティーとう》の性的《せいてき》マイノリティに関《かん》する方針《ほうしん》を明文化《めいぶんか》し、インターネット等《とう》で社内《しゃない》・社外《しゃがい》に広《ひろ》く公開《こうかい》していますか。

R《アール》(Representation《リプリゼンテイション》) 当事者《とうじしゃ》コミュニティ

過去《かこ》２年以内《ねんいない》にLGBT《エルジービーティー》 当事者《とうじしゃ》や支援者《しえんしゃ》にかぎらず、従業員《じゅうぎょういん》が性的《せいてき》マイノリティに関《かん》する意見《いけん》を言《い》える機会《きかい》を提供《ていきょう》していますか。

I《アイ》(Inspiration《インスピレイション》) 啓発活動《けいはつかつどう》

過去《かこ》２年以内《ねんいない》に従業員《じゅうぎょういん》に対《たい》して、性的《せいてき》マイノリティへの理解《りかい》を促進《そくしん》するための取《と》り組《く》みをおこなっていますか。

D《ディー》(Development《ディヴェロップメント》) 人事制度《じんじせいど》・プログラム

婚姻関係《こんいんかんけい》の同性《どうせい》パートナーに、法的《ほうてき》に結婚《けっこん》したカップルや家族《かぞく》と同《おな》じ制度《せいど》をみとめていますか。トランスジェンダーの従業員《じゅうぎょういん》に、本人《ほんにん》の希望《きぼう》する性《せい》でのあつかいをしたり、だれでも働《はたら》きやすいように職場《しょくば》の環境《かんきょう》を整《ととの》えたりしていますか。

E《イー》(Engagement/Empowerment《エンゲージメントエンパワーメント》) 社会貢献《しゃかいこうけん》・渉外活動《しょうがいかつどう》

LGBT《エルジービーティー》への社会《しゃかい》の理解《りかい》を促進《そくしん》するための社会貢《しゃかいこう》献活動《けんかつどう》や渉外活動《しょうがいかつどう》をおこないましたか。

差別《さべつ》のない職場《しょくば》に

差別《さべつ》をなくすためには、まずいろいろな人《ひと》がいることを知《し》ることが必要《ひつよう》だね。そのために企業《きぎょう》として、性差別《せいさべつ》に対《たい》する研修《けんしゅう》などをおこなっているんだ。たとえば、研修《けんしゅう》を受《う》けた結果《けっか》、ある会社《かいしゃ》では、店《みせ》でプレゼントをさがしている女性《じょせい》のお客《きゃく》さんにも、「だんなさまへのものですか」と、性《せい》を決《き》めつけるような言《い》いかたはしないようにしているよ。

同性《どうせい》パートナーにも同《おな》じ制度《せいど》を

多《おお》くの企業《きぎょう》には、結婚《けっこん》・出産時《しゅっさんじ》に休暇《きゅうか》がとれたり、お祝《いわ》い金《きん》が出《で》たりする制度《せいど》があるんだ。そのほか、転勤《てんきん》のときの支援制度《しえんせいど》や家族《かぞく》で住《す》む社宅《しゃたく》があったりする。法的《ほうてき》に結婚《けっこん》していない同性《どうせい》のパートナーやその家族《かぞく》に、同《おな》じ制度《せいど》をみとめる企業《きぎょう》もふえてきているよ。

話《はな》せる場所《ばしょ》を

LGBT《エルジービーティー》の人《ひと》たちが、自分《じぶん》のことを話《はな》せる場所《ばしょ》をつくることも大切《たいせつ》なんだ。相談窓口《そうだんまどぐち》や、LGBT《エルジービーティー》の人《ひと》を支援《しえん》するグループのある会社《かいしゃ》もあるよ。

採用試験《さいようしけん》でのなやみをなくす

民間企業《みんかんきぎょう》に勤《つと》めるためにも、公務員《こうむいん》として働《はたら》くためにも、まず、企業《きぎょう》や役所《やくしょ》などの求人《きゅうじん》に応募《おうぼ》して、採用試験《さいようしけん》を受《う》ける。このとき、りれきしょやエントリーシートに性別《せいべつ》を書《か》くところがあると、トランスジェンダーの人などは、そこでこまってしまうことが多《おお》いんだ。だから、性別《せいべつ》を記入《きにゅう》するところをなくしたり、男女以外《だんじょいがい》の性別《せいべつ》を書《か》けるようにしている企業《きぎょう》や自治体《じちたい》もふえているよ。

家族《かぞく》をもつことはできるのかな？

日本国憲法《にほんこくけんぽう》には「婚姻《こんいん》は、両性《りょうせい》の合意《ごうい》のみに基《もと》いて成立《せいりつ》し……」と書《か》かれている。この「両性《りょうせい》」は、男性《だんせい》と女性《じょせい》を指《さ》しているというんだ。

だから、現在《げんざい》、法律的《ほうりつてき》にはまだ、男性同士《だんせいどうし》、女性同士《じょせいどうし》の結婚《けっこん》はみとめられていない。

でも、今《いま》では、「両性《りょうせい》」を、結婚《けっこん》を望《のぞ》む「独立《どくりつ》したふたつの性《せい》」ととらえて、憲法《けんぽう》のもとで同性婚《どうせいこん》もみとめられるという考《かんが》えかたも出《で》てきているんだ。

結婚式《けっこんしき》をあげたい

法律的《ほうりつてき》に夫婦《ふうふ》とみとめられなくても、家族《かぞく》や友人《ゆうじん》にパートナーのことをみとめてもらいたい、結婚式《けっこんしき》をあげたいという人《ひと》たちもいるよ。男性同士《だんせいどうし》、女性《じょせい》同士《どうし》で結婚式《けっこんしき》をあげることができる、LGBT《エルジービーティー》の人《ひと》たちの気持《きも》ちを尊重《そんちょう》した結婚式場《けっこんしきじょう》もふえているんだ。

みんな、わたしたちと同《おな》じように、愛《あい》しあってるのに……どうして？
ふたりが愛《あい》しあっていればそれが一番《いちばん》だと思《おも》うけど、法律的《ほうりつてき》にみとめられていないことで、いろいろ、不便《ふべん》なことがあるのよね。
家族《かぞく》もみとめてくれたし、結婚式《けっこんしき》もあげたんだけど、法律《ほうりつ》だけがみとめてくれないんだよね。なんか、おかしい気《き》がするけど……。

パートナーシップ制度《せいど》ってなに？

現在《げんざい》の日本《にほん》では、同性《どうせい》のカップルは結婚《けっこん》ができないため、法律的《ほうりつてき》に「夫婦《ふうふ》」「家族《かぞく》」としてみとめられていないんだ。そのことで、生活《せいかつ》にいろいろな不便《ふべん》や苦労《くろう》がある。そこで、区《く》や市《し》などの自治体《じちたい》が、同性《どうせい》カップルのふたりを、おたがいにパートナーとして公式《こうしき》にみとめるのがパートナーシップ制度《せいど》。公式《こうしき》の書類《しょるい》が発行《はっこう》されることで、気持《きも》ちの面《めん》でも、制度《せいど》の面《めん》でもプラスになることが多《おお》いよ。

同性《どうせい》カップルができないこと・こまっていること

部屋《へや》をかりるとき

- 同性《どうせい》カップルだという理由《りゆう》で、入居《にゅうきょ》をことわられることがある

事故《じこ》や病気《びょうき》のとき

- 家族《かぞく》ではないので面会《めんかい》ができない
- 家族《かぞく》への病状《びょうじょう》の説明《せつめい》などが受《う》けられない
- 手術《しゅじゅつ》など、家族《かぞく》の同意《どうい》が必要《ひつよう》なときに手続《てつづ》きができない

介護《かいご》や葬儀《そうぎ》のとき

- 家族《かぞく》でないので介護《かいご》のためにみとめられている休暇《きゅうか》をとれない
- パートナーの家族《かぞく》などがおこなう葬儀《そうぎ》に参列《さんれつ》できない
- パートナーの遺産《いさん》が相続《そうぞく》できない

パートナーシップ制度《せいど》の今《いま》

2018 年《ねん》8月《がつ》現在《げんざい》、9つの自治体《じちたい》が導入《どうにゅう》している証明書《しょうめいしょ》の申《もう》しこみ方法《ほうほう》や、費用《ひよう》などは、自治体《じちたい》によってちがう。
2018 年《ねん》6月《がつ》、地域《ちいき》に住《す》む人々《ひとびと》が、全国《ぜんこく》27自治体《じちたい》の議会《ぎかい》に制度《せいど》をつくるよう同時《どうじ》に嘆願書《たんがんしょ》を提出《ていしゅつ》。
現在《げんざい》多《おお》くの自治体《じちたい》が制度《せいど》の導入《どうにゅう》を検討《けんとう》している。(2018年《ねん》11月《がつ》現在《げんざい》)

パートナーシップ制度《せいど》でできることの例《れい》

＊自治体《じちたい》（市《し》・町《まち》・村《むら》や特別区《とくべつく》）によって制度《せいど》にちがいがあります

部屋《へや》をかりるとき

- 区営住宅《くえいじゅうたく》、市営住宅《しえいじゅうたく》へ同性《どうせい》パートナーとの入居申《にゅうきょもう》しこみができる

事故《じこ》や病気《びょうき》のとき

- 病院《びょういん》などで家族同様《かぞくどうよう》のあつかいを受《う》けることができる

そのほか、

- 民間企業《みんかんきぎょう》のサービスなどを受《う》けられる範囲《はんい》が広《ひろ》がる
- 生命保険《せいめいほけん》の受《う》け取《と》り人《にん》を同性《どうせい》のパートナーにできる
- パートナーといっしょにローンを組《く》むことができる
- 携帯電話《けいたいでんわ》の家族割引《かぞくわりびき》サービスが受《う》けられる

など

子《こ》どもをもつことはできるの？

同性《どうせい》カップルが子《こ》どもをもつには、どのような方法《ほうほう》をとるか、法律的《ほうりつてき》に親子《おやこ》としてみとめられるかなど、高《たか》いハードルがあるんだ。

でも、同性《どうせい》のカップルで子《こ》どもを育《そだ》てている人《ひと》たちもいるし、法律《ほうりつ》や制度《せいど》も、将来《しょうらい》変《か》わっていく可能性《かのうせい》があるよ。

ただ、子《こ》どもをもちたい人《ひと》、もたなくてもいいと思《おも》っている人《ひと》、など考《かんが》えかたはいろいろだよ。

家族《かぞく》になって、子《こ》どもを育《そだ》てたいと思《おも》っているよ。子《こ》どもを生《う》むことはできないけど、家族《かぞく》とくらせない子《こ》どもの親《おや》になりたいな。

前《まえ》に好《す》きだった男性《だんせい》と結婚《けっこん》して子《こ》どもが生《う》まれたの。今《いま》は女性《じょせい》のパートナーとくらしているけど、ふたりで子《こ》どもを育《そだ》てているわ。

子《こ》どもがいないと幸《しあわ》せになれないとは思《おも》わないな。ふたりでいれば十分《じゅうぶん》に幸《しあわ》せだよ。
異性《いせい》にも同性《どうせい》にも、あまり興味《きょうみ》がないの。子《こ》どももパートナーもいないけど、友《とも》だちや仲間《なかま》がいるし、毎日《まいにち》が充実《じゅうじつ》してる！

子《こ》どもをもつには……

同性同士《どうせいどうし》のカップルの場合《ばあい》、人工授精《じんこうじゅせい》や代理出産《だいりしゅっさん》といった、生殖補助医療《せいしょくほじょいりょう》を利用《りよう》するか、里親《さとおや》などになって、子《こ》どもを引《ひ》き取《と》ることになる。ただ、どちらの方法《ほうほう》も、現在《げんざい》の日本《にほん》ではまだむずかしいことも多《おお》いんだ。

LGBT《エルジービーティー》の人《ひと》と子《こ》ども

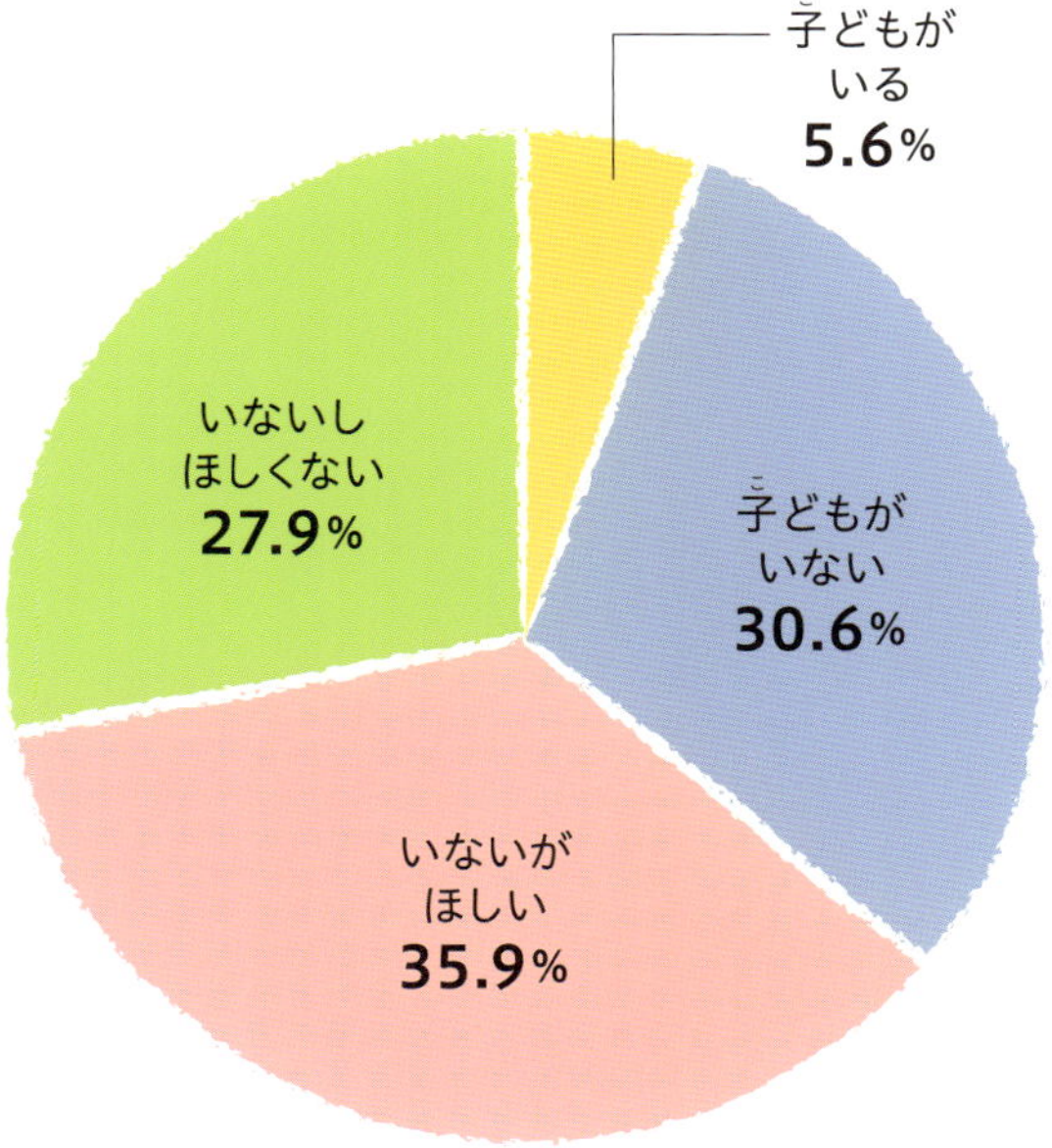

子《こ》どもがいる 5.6%
子《こ》どもがいない 30.6%
いないがほしい 35.9%
いないしほしくない 27.9%

子《こ》どもがいる人《ひと》については、以前《いぜん》のパートナー（元夫《もとおっと》・元妻《もとつま》）との間《あいだ》に生《う》まれたケースや、生殖補助医療《せいしょくほじょいりょう》によって生《う》まれたケースがある。

NHK《エヌエイチケイ》が2015年《ねん》におこなった「LGBT当事者《エルジービーティーとうじしゃ》アンケート調査《ちょうさ》」より

里親《さとおや》になる

2016年《ねん》、大阪市《おおさかし》で男性同士《だんせいどうし》のカップルが、里親《さとおや》として子《こ》どもをあずかり、大《おお》きな話題《わだい》になった。男性《だんせい》同士《どうし》のカップルが里親《さとおや》にみとめられたのはこれがはじめて。「里親《さとおや》」は、保護者《ほごしゃ》がいなかったり、なかには虐《ぎゃく》待《たい》を受《う》けたりして、養護施設《ようごしせつ》などで生活《せいかつ》している子《こ》どもを、一時的《いちじてき》にあずかる制度《せいど》だ。里親《さとおや》とみとめるのは各自治体《かくじちたい》で、同性《どうせい》カップルではだめという決《き》まりはない。

今回《こんかい》のことでは、厚生労働省《こうせいろうどうしょう》も同《どう》性《せい》のカップルが里親《さとおや》となることはみとめているよ。ただ、子《こ》どもを法律《ほうりつ》的《てき》にも自分《じぶん》の子《こ》どもにする「特別養《とくべつよう》子縁組《しえんぐみ》」については、同性《どうせい》カップルが親《おや》になることをみとめていない。でも、同性婚《どうせいこん》が法律的《ほうりつてき》にみとめられるか、養子縁組制度《ようしえんぐみせいど》に関《かん》する法律《ほうりつ》が変《か》われば、「特別養子縁組《とくべつようしえんぐみ》」でも子《こ》どもをもつことができるようになるよ。

人工授精《じんこうじゅせい》で出産《しゅっさん》、代理出産《だいりしゅっさん》で出産《しゅっさん》

体《からだ》の性《せい》が女性《じょせい》の場合《ばあい》は人工授精《じんこうじゅせい》をすれば出産《しゅっさん》できるよ。第三者《だいさんしゃ》から精《せい》子《し》を提供《ていきょう》してもらい、それを体内《たいない》に注入《ちゅうにゅう》して、妊娠《にんしん》を期待《きたい》する方法《ほうほう》なんだ。ただ、病院《びょういん》で人工授精《じんこうじゅせい》の治療《ちりょう》が受《う》けられるのは、婚姻関係《こんいんかんけい》がある人《ひと》か、法律上《ほうりつじょう》は婚姻《こんいん》していなくても、事実婚《じじつこん》がみとめられた異性《いせい》のカップル。

このため女性同士《じょせいどうし》のカップルの場《ば》合《あい》、病院《びょういん》での治療《ちりょう》がむずかしいという問題《もんだい》がある。

男性同士《だんせいどうし》の場合《ばあい》は、「代理出産《だいりしゅっさん》」が必要《ひつよう》になる。代理出産《だいりしゅっさん》とは、第三者《だいさんしゃ》の女性《じょせい》に妊娠《にんしん》、出産《しゅっさん》をしてもらう方《ほう》法《ほう》なんだ。でも、代理出産《だいりしゅっさん》は、日本《にほん》ではみとめられていない。法律《ほうりつ》で禁《きん》止《し》されているわけではないけれど、日本《にほん》では、ほとんどおこなわれていないため、外国《がいこく》で代理出産《だいりしゅっさん》をしてもらう人《ひと》もいるよ。

それぞれの未来《みらい》がまっている

みんなのまわりには、異性《いせい》を好《す》きになって、結婚《けっこん》して、子《こ》どもをもつ、という選択《せんたく》をする人《ひと》が多《おお》いので、それが「ふつう」だと思《おも》えるかもしれない。でも、結婚《けっこん》しない人《ひと》もいるし、離婚《りこん》をする人《ひと》もいる。ひとりで子《こ》どもを産《う》んで育《そだ》てる人《ひと》だっている。

「ふつう」なんてどこにもないんだ。性《せい》のありかたも、悩《なや》みや不安《ふあん》も、選択《せんたく》もなにを「幸《しあわ》せ」と感《かん》じるかも人《ひと》それぞれ。ひとつのものさしではかったり、おしつけたりするものではないね。

今《いま》はまだ、すべての人《ひと》がそれぞれの個性《こせい》を表現《ひょうげん》したり、幸《しあわ》せを追《お》いかけたりするのに、環境《かんきょう》が整《ととの》っていなかったり、理解《りかい》を得《え》にくいと感《かん》じるかもしれない。でも、人《ひと》も社会《しゃかい》も、変《か》わりはじめている。LGBT《エルジービーティー》など少数派《しょうすうは》の人《ひと》たちだけでなく、みんなが、それぞれ自分《じぶん》らしく生《い》きることができるように。

高校《こうこう》のときの友《とも》だちが、
「女《おんな》らしく」じゃなくて
「あなたらしく」で
いいんじゃないって……。
ああ、それでいいんだって
思《おも》えた。ラクになったよ。

自分《じぶん》のことをかくしているのって、
まわりの人《ひと》にウソをついてるみたいで、
カミングアウトしなくっちゃって
思《おも》いこんで、なやんでいたの。
でも、無理《むり》をすることはないって
言《い》ってもらえて、ほっとしたわ。

LGBT《エルジービーティー》の人《ひと》たちの集《あつ》まりに行《い》くのは
最初《さいしょ》はいやだった。どこかで、
自分《じぶん》はちがうって思《おも》いたかったんだ。
でも、わかりあえる人《ひと》たちと出会《であ》えて、
ひとりでなやまないようになったよ。

女《おんな》の子《こ》しか好《す》きになれない
自分《じぶん》が、どこか変《へん》と思《おも》って、
毎日《まいにち》が不安《ふあん》だったの。
でも、今《いま》は平気《へいき》。すてきな
パートナーもできたよ。

女《おんな》の子《こ》みたいって、ずっと
からかわれていたけど、
「みたい」じゃなくて、心《こころ》は
女性《じょせい》だってわかったの。
今《いま》はスカートをはいて、
おけしょうもして、毎日《まいにち》、
楽《たの》しく仕事《しごと》をしているわ。

職場《しょくば》ではカミングアウト
してなかったけど、今度《こんど》、
同性同士《どうせいどうし》のカップルでも家族《かぞく》として
社宅《しゃたく》に入《はい》れるようになったんだ。
理解《りかい》してくれる人《ひと》も多《おお》いみたいだし……。
今《いま》、カミングアウトするか考《かんが》えているよ。

中学生《ちゅうがくせい》のとき、どうしても
制服《せいふく》がいやで先生《せんせい》に相談《そうだん》した。
そうしたら、私服《しふく》やジャージでも
いいってことにしてもらえたんだ。
それからは、自分《じぶん》のことを
話《はな》せるようになったよ。

大学《だいがく》で出会《であ》った人《ひと》に、
はじめて告白《こくはく》した。
最初《さいしょ》はちょっとびっくり
したみたいだけど、「恋愛《れんあい》の
対象《たいしょう》には見《み》られないけど、
大切《たいせつ》な友《とも》だちだ」って、
真剣《しんけん》に答《こた》えてくれた。
今《いま》でも親友《しんゆう》だよ。

パートナーを
家族《かぞく》にしょうかいしたの。
はじめはとまどっていたけど、
何回《なんかい》も連《つ》れていって、みんな
彼女《かのじょ》のすてきなところを知《し》って、
だんだんわかってくれたの。
「あなたが幸《しあわ》せなら」って
言《い》ってくれたわ。

世界《せかい》はどんどん変《か》わっている

世界《せかい》では、男性同士《だんせいどうし》、女性同士《じょせいどうし》の同性婚《どうせいこん》が法律《ほうりつ》でみとめられるようになったり、トランスジェンダーの人《ひと》が、法律的《ほうりつてき》にも自分《じぶん》の望《のぞ》む性《せい》で生《い》きられるようになったりしているよ。

あらゆる差別《さべつ》を禁止《きんし》したり、LGBT《エルジービーティー》の人《ひと》たちの権利《けんり》を守《まも》ろうとしたりする動《うご》きが広《ひろ》がっている。

2011年《ねん》に、国際連合《こくさいれんごう》の人権理事会《じんけんりじかい》がLGBT《エルジービーティー》の人《ひと》たちへの差別《さべつ》や暴力《ぼうりょく》に対《たい》して強《つよ》い不安《ふあん》をうったえ、「どのような性《せい》のありかたの人《ひと》でも、生《い》きる権利《けんり》や身体《しんたい》の安全《あんぜん》とプライバシーの保護《ほご》、拷問《ごうもん》や逮捕《たいほ》、拘束《こうそく》を受《う》けない権利《けんり》、表現《ひょうげん》の自由《じゆう》や平和的集会《へいわてきしゅうかい》の自由《じゆう》などをふくめた保護《ほご》を受《う》ける権利《けんり》があります」と表明《ひょうめい》したことが、世界《せかい》の動《うご》きに大《おお》きな影響《えいきょう》をあたえたんだ。

カナダ

1977年《ねん》、カナダのケベック州《しゅう》が北米《ほくべい》で初《はじ》めて性的指向《せいてきしこう》による差別《さべつ》を禁止《きんし》した。現在《げんざい》では、国《くに》として、同性婚《どうせいこん》や同性《どうせい》カップルが養子《ようし》をもらうこともみとめられている。

東京《とうきょう》レインボープライド2018にはカナダ大使館《たいしかん》も参加《さんか》した。
写真提供《しゃしんていきょう》：カナダ大使館《たいしかん》

アメリカ

2015年《ねん》、最高裁《さいこうさい》が「同性婚《どうせいこん》をみとめる」という判決《はんけつ》を出《だ》した。それまで37州《しゅう》でだけ合法《ごうほう》だった同性婚《どうせいこん》が、50州《しゅう》すべてでみとめられることになった。

日本《にほん》では2012年《ねん》から毎年《まいとし》「東京《とうきょう》レインボープライド」が開《ひら》かれている。
写真提供《しゃしんていきょう》：
NPO法人《エヌピーオーほうじん》 東京《とうきょう》レインボープライド

コロンビア

2016年《ねん》、南《みなみ》アメリカで4番目《ばんめ》に同性婚《どうせいこん》をみとめた。南《みなみ》アメリカではそのほか、アルゼンチン、ウルグアイ、ブラジルでもみとめられている。

アルゼンチン

2012年《ねん》にできた法律《ほうりつ》で、手術《しゅじゅつ》を受《う》けたり、医師《いし》や裁判官《さいばんかん》から承認《しょうにん》を得《え》たりしなくても、自分《じぶん》の申請《しんせい》だけで、法律《ほうりつ》上《じょう》の性別《せいべつ》を変《か》えることができるようになった。

同性婚《どうせいこん》を法律《ほうりつ》でみとめている国《くに》	24の国《くに》や地域《ちいき》*
登録《とうろく》パートナーシップ制度《せいど》などがある国《くに》	20の国《くに》や地域《ちいき》**

*オーストリアは2019年《ねん》1月《がつ》、台湾《たいわん》は5月《がつ》までに同性婚《どうせいこん》がみとめられる予定《よてい》。タイ、ベトナムでは法案《ほうあん》が審議中《しんぎちゅう》。
**同性婚《どうせいこん》を法律《ほうりつ》でみとめている国《くに》・地域《ちいき》で、以前《いぜん》パートナーシップ制度《せいど》を設《もう》けていて、すでにパートナーシップ関係《かんけい》にある人《ひと》がそのまま制度《せいど》をけい続《ぞく》している場合《ばあい》もある。

オランダ

2001年《ねん》に世界《せかい》ではじめて、同性婚《どうせいこん》を法律《ほうりつ》でみとめた。第二次世界大戦中《だいにじせかいたいせんちゅう》、同性愛《どうせいあい》者《しゃ》であるためにナチスによって殺《ころ》された人々《ひとびと》をわすれないための記念碑《きねんひ》がある。

「ピンクトライアングル」をモチーフにした記念碑《きねんひ》。
資料提供《しりょうていきょう》：Wikimedia Commons

スウェーデン

1972年《ねん》に、性別変更《せいべつへんこう》を法《ほう》律的《りつてき》にみとめ、1979年《ねん》には北欧《ほくおう》で最《もっと》もはやく同性《どうせい》愛《あい》は病気《びょうき》でないと「疾病《しっぺい》リスト」から削除《さくじょ》した。

デンマーク

1989年《ねん》、世界《せかい》ではじめて、結婚《けっこん》に近《ちか》い権利《けんり》をもつパートナーシップ制《せい》度《ど》をみとめた。

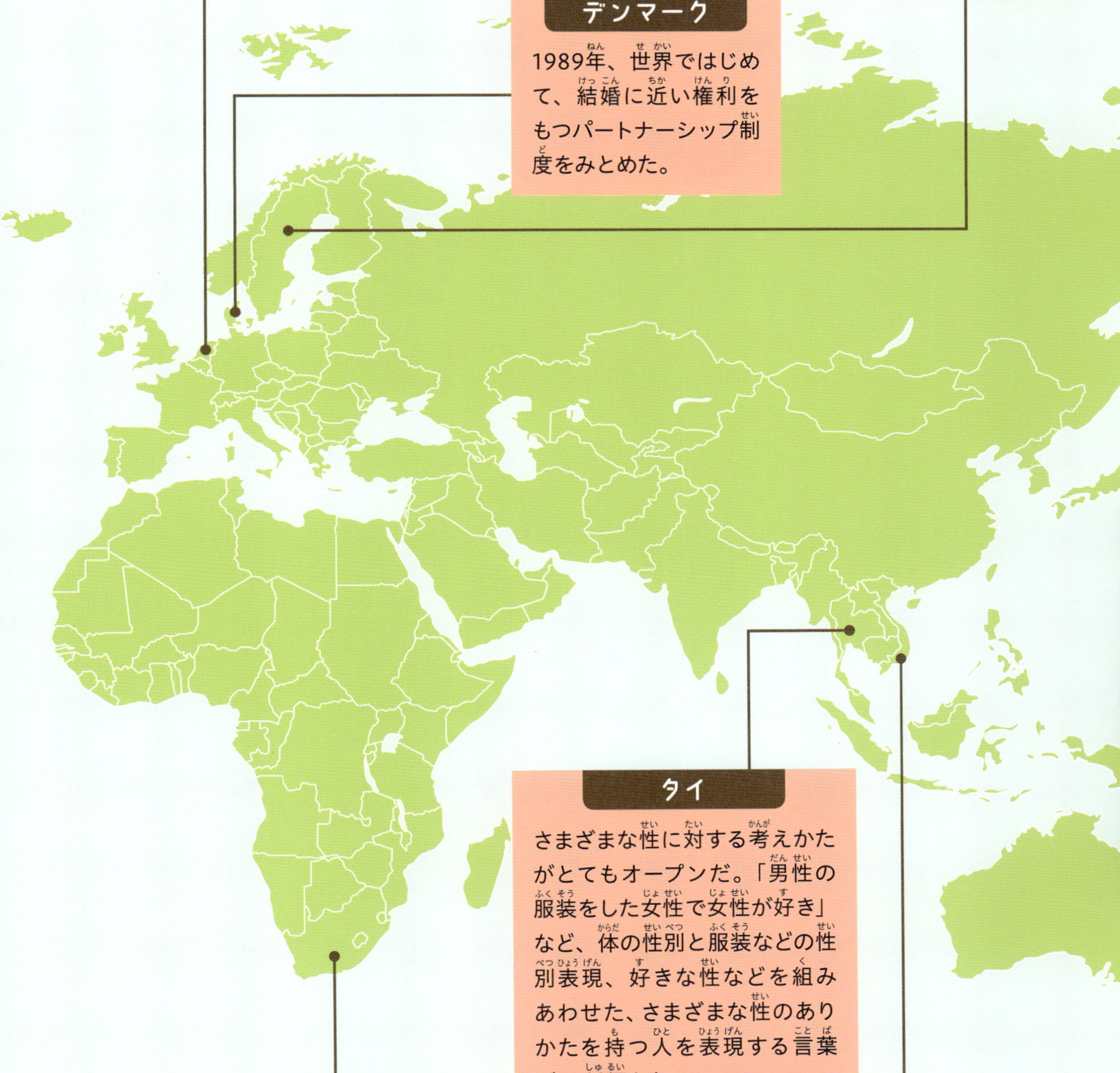

タイ

さまざまな性《せい》に対《たい》する考《かんが》えかたがとてもオープンだ。「男性《だんせい》の服装《ふくそう》をした女性《じょせい》で女性《じょせい》が好《す》き」など、体《からだ》の性別《せいべつ》と服装《ふくそう》などの性《せい》別表現《べつひょうげん》、好《す》きな性《せい》などを組《く》みあわせた、さまざまな性《せい》のありかたを持《も》つ人《ひと》を表現《ひょうげん》する言葉《ことば》が18種類《しゅるい》もある。

南《みなみ》アフリカ

アフリカでただひとつ同《どう》性婚《せいこん》をみとめている。ほかのアフリカの国《くに》や中東《ちゅうとう》諸国《しょこく》などには、同性愛《どうせいあい》を禁止《きんし》、犯罪《はんざい》とする国《くに》や地域《ちいき》もあり、逮捕《たいほ》されたり、牢屋《ろうや》に入《い》れられたりすることもある。

ベトナム

2015年《ねん》に同性婚禁止《どうせいこんきんし》の法律《ほうりつ》をなくした。結婚式《けっこんしき》などをあげる人《ひと》も多《おお》い。法律的《ほうりつてき》な権利《けんり》はまだみとめられていないけれど、法案《ほうあん》が審議《しんぎ》されている。

日本《にほん》もいろいろ変《か》わってきている

LGBT《エルジービーティー》の人《ひと》たちなど、性《せい》のありかたが、多数派《たすうは》の人《ひと》とことなる人《ひと》たちは、「セクシュアルマイノリティ（性的少数者《せいてきしょうすうしゃ》）」とよばれている。でも、多数派《たすうは》でも少数派《しょうすうは》でもまったく同《おな》じ人《ひと》なんていないよね。どこかがちがっているのは当《あ》たり前《まえ》だ。

日本《にほん》でも多様《たよう》な生《い》きかたをみとめていこうという動《うご》きが強《つよ》くなってきているよ。

広《ひろ》がるアライ

アライとは「ストレート・アライアンス」を略《りゃく》した言《い》いかたで、LGBT《エルジービーティー》の人《ひと》などセクシュアルマイノリティのことを理解《りかい》して、仲《なか》間《ま》になろうとする非当事者《ひとうじしゃ》のことなんだ。

たとえば、もし「同性愛《どうせいあい》の人《ひと》は気持《きも》ち悪《わる》い」と言《い》う人《ひと》がいたら、「そんなことないよ」と声《こえ》をあげるだけでも、まわりを変《か》える力《ちから》になる。アライの人《ひと》が参加《さんか》できる集《あつ》まりやイベントもあるから、参加《さんか》してみるのもいいね。

またレインボーカラーのものを身《み》につけることで、「差別《さべつ》しません。よりそいます」というメッセージを伝《つた》えることもできるんだ。

メッセージを伝《つた》えるレインボーグッズ。

写真提供《しゃしんていきょう》：NPO法人《エヌピーオーほうじん》 東京《とうきょう》レインボープライド

だれでもトイレ

家《いえ》の外《そと》でトイレを使《つか》うとき、こまったり苦労《くろう》したりすることが多《おお》いのは、心《こころ》の性《せい》と体《からだ》の性《せい》がちがうトランスジェンダーや、性別《せいべつ》がはっきり決《き》められないX《エックス》ジェンダーの人《ひと》たちだ。そこで車《くるま》いすの人《ひと》なども使《つか》える多目的《たもくてき》トイレを、こうした人《ひと》たちにも使《つか》いやすくしようと「だれでもトイレ」がつくられるようになったんだ。

「だれでもトイレ」の表示《ひょうじ》は、LGBT《エルジービーティー》の人《ひと》を表《あらわ》すマークを入《い》れることもあるんだ。こうすることで、トイレが使《つか》いやすくなる人《ひと》もいる一方《いっぽう》で、逆《ぎゃく》にそのマークによって、入《はい》りにくいという人《ひと》もいるんだ。

ALL《オール》のマークは、プラウド香川《かがわ》が募集《ぼしゅう》した「どんな性別《せいべつ》でも使《つか》えるトイレマーク」の最優秀作品《さいゆうしゅうさくひん》。

※プラウド香川《かがわ》は性《せい》の多様性《たようせい》を尊重《そんちょう》する社会《しゃかい》をめざして活動《かつどう》している任意団体《にんいだんたい》。

東京《とうきょう》オリンピックに向《む》けて

2018年《ねん》10月《がつ》、東京都《とうきょうと》は「オリンピック憲章《けんしょう》にうたわれる人権尊重《じんけんそんちょう》の理念《りねん》の実現《じつげん》を目指《めざ》す条例《じょうれい》」をつくった。このなかには、LGBT《エルジービーティー》などセクシュアルマイノリティへの差別禁止《さべつきんし》が記《しる》されているよ。

オリンピック憲章《けんしょう》にも「性別《せいべつ》、性的指向《せいてきしこう》による差別《さべつ》の禁止《きんし》」がうたわれているんだ。

2020年《ねん》オリンピック・パラリンピックを開催《かいさい》する東京《とうきょう》は、その精神《せいしん》にのっとった、差別《さべつ》のない都《と》市《し》になることをめざしている。この条例《じょうれい》ができたことで、セクシュアルマイノリティが働《はたら》きやすい環境《かんきょう》を整《ととの》えたり、同性《どうせい》カップルに権利《けんり》をみとめたりする企業《きぎょう》もふえてきている。

ただ、これは東京都《とうきょうと》の条例《じょうれい》で、パートナーシップ制度《せいど》をみとめているのは、いくつかの自治体《じちたい》のみだ。

日本《にほん》には、まだセクシュアルマイノリティ差別《さべつ》を禁止《きんし》する法律《ほうりつ》はない。心《こころ》の性《せい》に合《あ》わせた戸籍《こせき》を得《え》るための法律《ほうりつ》では、体《からだ》の手術《しゅじゅつ》が必要《ひつよう》になる。

セクシュアルマイノリティの人《ひと》たちが、自分《じぶん》らしく生《い》きることができる国《くに》になるには、もっと変《か》わっていけるように応援《おうえん》することが必要《ひつよう》だね。

自治体《じちたい》が動《うご》く

2015年《ねん》に東京都渋谷区《とうきょうとしぶやく》と世田谷区《せたがやく》ではじまった、同性《どうせい》カップルのパートナーシップ制度《せいど》は、その後《ご》、ほかの自治体《じちたい》にも広《ひろ》がりはじめている。また、相談窓口《そうだんまどぐち》や交流《こうりゅう》スペースをつくったり、市民《しみん》や区民《くみん》にセクシュアルマイノリティのことを伝《つた》えるパンフレットをつくったり、研修会《けんしゅうかい》や交流会《こうりゅうかい》を開《ひら》いたりなど、いろいろな活動《かつどう》をしている自治体《じちたい》も多《おお》い。

沖縄県那覇市《おきなわけんなはし》では「性《せい》の多様性《たようせい》を尊重《そんちょう》する都《と》市《し》・なは」宣言《せんげん》（レインボーなは宣言）をおこない、定期的《ていきてき》な交流会《こうりゅうかい》を開《ひら》いたり通信《つうしん》の発行《はっこう》など継続的《けいぞくてき》に取《と》り組《く》んでいる。また、採用試験《さいようしけん》の受験《じゅけん》申込書《もうしこみしょ》から、男女《だんじょ》の性別《せいべつ》の記入《きにゅう》をなくした自治体《じちたい》もたくさんあるよ。

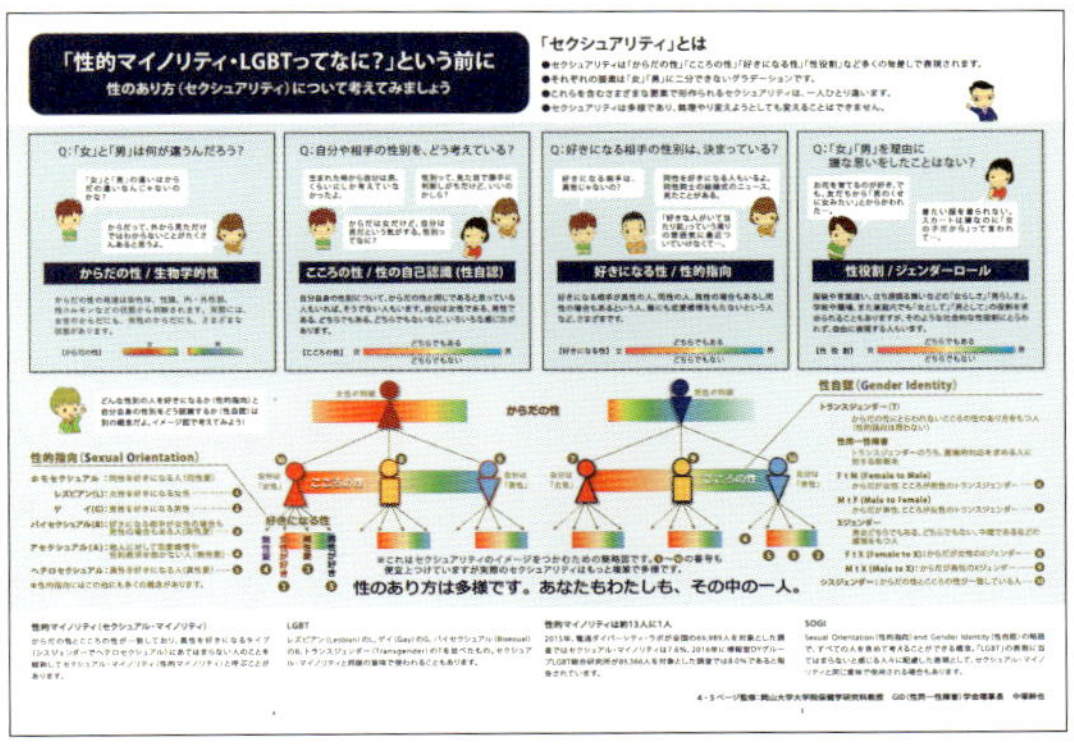

岡山市《おかやまし》が作成《さくせい》した、LGBT《エルジービーティー》の理解《りかい》を広《ひろ》げるための教員向《きょういんむ》けのパンフレット。

みんなのこえ

恋愛《れんあい》したいと思《おも》わない人《ひと》だっているよ。そんなの不幸《ふこう》って決《き》めつけないで。

「みんなちがってみんないい」だよね。

自分《じぶん》とちがうところがあるからって、変《へん》とか気持《きも》ち悪《わる》いとか言《い》わないで。

小《ちい》さいときからなやむ子《こ》も多《おお》いから、学校《がっこう》できちんと教《おし》えてほしいな。

サービスが変《か》わる

同性《どうせい》カップルが家族《かぞく》としてのサービスを受けられるようにもなってきているよ。戸籍上《こせきじょう》の家族《かぞく》でない同性《どうせい》パートナーを生命保険《せいめいほけん》の受《う》け取《と》り人《にん》にできたり、携帯電話《けいたいでんわ》の家族割引制度《かぞくわりびきせいど》が使《つか》えたり、飛行機《ひこうき》に乗《の》るときたまるマイルを家族《かぞく》としていっしょに使《つか》ったり、分《わ》けあったりできるんだ。

こんな日《ひ》、こんなイベント知《し》ってる?

セクシュアルマイノリティの人《ひと》たちの基本的《きほんてき》な権利《けんり》を守《まも》ろうとアピールするイベントは、世界中《せかいじゅう》でおこなわれている。差別《さべつ》をなくすための記念日《きねんび》もあるんだ。どんなイベントや記念日《きねんび》があるのかな。

プライドパレード

プライドパレードは、セクシュアルマイノリティの権利《けんり》をうったえ、理解《りかい》を広《ひろ》めるためのイベントだ。１９６９年《ねん》に、アメリカ合衆国《がっしゅうこく》で、差別《さべつ》や偏見《へんけん》にさらされ、警察《けいさつ》による弾圧《だんあつ》もおこなわれるなか、数千人《すうせんにん》のセクシュアルマイノリティの人《ひと》たちが、はじめて社会《しゃかい》に抗議《こうぎ》したんだ。この「ストーンウォール暴動《ぼうどう》」とよばれる事件《じけん》の翌年《よくねん》に、1周年《しゅうねん》のデモンストレーションがアメリカの各地《かくち》でおこなわれ、それが現在《げんざい》のプライドパレードのはじまりと言《い》われている。そして、アメリカからはじまったこのパレードは、今《いま》は世界中《せかいじゅう》に広《ひろ》がっているんだ。

ブラジルサンパウロのプライドパレード。約《やく》300万人《まんにん》が参加《さんか》するとされ、2006年《ねん》には「世界最大《せかいさいだい》のプライドパレード」とギネスに認定《にんてい》された。
写真《しゃしん》：AP《エーピー》/アフロ

多様《たよう》な性《せい》にYES《イエス》の日《ひ》

1990年《ねん》5月《がつ》17日《にち》、WHO《ダブリューエイチオー》（世界保健機関《せかいほけんきかん》）は「同性愛《どうせいあい》は病気《びょうき》ではない」ということをみとめた。この日《ひ》を、同性愛差別《どうせいあいさべつ》をなくすきっかけにしようという声《こえ》があがり、「国際反《こくさいはん》ホモフォビアの日《ひ》」という国際的《こくさいてき》な記念日《きねんび》になったんだ。2014年《ねん》からは、「多様《たよう》な性《せい》にYES《イエス》の日《ひ》」として、日本記念日協会《にほんきねんびきょうかい》にも認定《にんてい》されている。

多様《たよう》な性《せい》を理解《りかい》し、応援《おうえん》するためのイベントなどが、日本各地《にほんかくち》でおこなわれている。

写真提供《しゃしんていきょう》：FRENS《フレンズ》、伊藤芯《いとうしん》

ピンクシャツデー

2007年《ねん》にカナダで生《う》まれた、いじめをなくす活動《かつどう》がピンクシャツデーだ。きっかけは、ピンクのポロシャツを着《き》ていた男子《だんし》が、「ホモだろう」といじめを受《う》けたことだ。それを知《し》った、上級生《じょうきゅうせい》が「明日《あした》、ピンクのシャツを着《き》て登校《とうこう》しよう」とよびかけた結果《けっか》、よびかけた人数以上《にんずういじょう》の多《おお》くの生《せい》徒《と》がピンクのシャツを着《き》たり、ピンクの小物《こもの》をもったりして登校《とうこう》。このできごとが広《ひろ》まり、毎年《まいとし》2月《がつ》の最終水曜日《さいしゅうすいようび》はいじめをゆるさないというメッセージを伝《つた》える日《ひ》になった。

▲ピンクシャツデーにピンク色《いろ》の服《ふく》や小物《こもの》を身《み》につけイベントに参加《さんか》する子《こ》どもたち。

◀日本《にほん》でも全国《ぜんこく》で活動《かつどう》がはじまっている。

写真提供《しゃしんていきょう》：日本《にほん》ピンクシャツデー

カミングアウトデー

1987年《ねん》10月《がつ》11日《にち》、アメリカのワシントンD《ディー》C《シー》で、セクシュアルマイノリティの大《おお》きな集会《しゅうかい》が開《ひら》かれた。ここから、セクシュアルマイノリティのための多《おお》くの団体《だんたい》が生《う》まれ、それを記念《きねん》して、自分《じぶん》のことを伝《つた》え、自分《じぶん》らしく生《い》きようとする人《ひと》を応援《おうえん》し、多様《たよう》な性《せい》について自由《じゆう》に語《かた》りあえる社《しゃ》会《かい》をめざす「カミングアウトデー」ができたんだ。

ある企業《きぎょう》と団体《だんたい》が合同《ごうどう》で企画《きかく》し、カミングアウトデーに「多様《たよう》な家族《かぞく》」をテーマにしたフォトセッションがおこなわれた。同性《どうせい》カップルの「自分《じぶん》たちらしい家族写真《かぞくしゃしん》」が、プロのカメラマンによって撮影《さつえい》された。

写真提供《しゃしんていきょう》：出張撮影《しゅっちょうさつえい》サービス「fotowa」

もっと知《し》りたいとき

多様《たよう》な性《せい》をもつ人《ひと》たちの物語《ものがたり》に、本《ほん》や映画《えいが》を通《とお》してふれてみよう。どんな性《せい》の人《ひと》にも、共感《きょうかん》したりする部分《ぶぶん》があるんじゃないかな。

マンガ

ぼくたちLGBT《エルジービーティー》

著《ちょ》／トミムラコタ

発行《はっこう》／集英社《しゅうえいしゃ》（2巻は電子版のみ）

バイセクシュアルの著者《ちょしゃ》が、いままで出会《であ》ったLGBTs《エルジービーティーエス》の人々《ひとびと》をコミカルにえがいたコミックエッセイ。

マンガ

弟《おとうと》の夫《おっと》

著《ちょ》／田亀源五郎《たがめげんごろう》

発行《はっこう》／双葉社《ふたばしゃ》

カナダで男性《だんせい》と結婚《けっこん》していた弟《おとうと》が亡《な》くなり、突然《とつぜん》その夫《おっと》がやってくる。とまどいながらも心《こころ》がつながる物語《ものがたり》。

マンガ

ぼくのほんとうの話《はなし》

著《ちょ》／うさきこう

発行《はっこう》／幻冬舎《げんとうしゃ》コミックス

10歳《さい》で自分《じぶん》のセクシュアリティに気《き》づいた著者《ちょしゃ》が、小学《しょうがく》3年生《ねんせい》のときに体験《たいけん》した初恋《はつこい》をもとにしたコミックエッセイ。

読《よ》み物《もの》

「ふつう」ってなんだ？

監修《かんしゅう》／ReBit《リビット》

発行《はっこう》／学研《がっけん》プラス

さまざまな性《せい》のありかたを、マンガや図《ず》で解説《かいせつ》した1冊《さつ》。LGBT《エルジービーティー》が学校《がっこう》で直面《ちょくめん》する問題《もんだい》も、場面別《ばめんべつ》にしょうかいしている。

マンガ

放浪息子《ほうろうむすこ》

著《ちょ》／志村貴子《しむらたかこ》

発行《はっこう》／KADOKAWA《カドカワ》

女《おんな》の子《こ》になりたい男《おとこ》の子《こ》と男《おとこ》の子《こ》になりたい女《おんな》の子《こ》。ふたりの交流《こうりゅう》と成長《せいちょう》していくすがたをえがいた作品《さくひん》。

マンガ

きのう何食《なにた》べた？

著《ちょ》／よしながふみ

発行《はっこう》／講談社《こうだんしゃ》

弁護士《べんごし》と美容師《びようし》のゲイのカップル。彼《かれ》らがつくって食《た》べるおいしい料理《りょうり》を通《とお》して、ふたりの日常《にちじょう》のくらしをえがく。

読《よ》み物《もの》

よくわかるLGBT《エルジービーティー》

監修《かんしゅう》／藤井《ふじい》ひろみ

発行《はっこう》／PHP研究所《けんきゅうじょ》

LGBT《エルジービーティー》ってなに？ もし自分《じぶん》がLGBT《エルジービーティー》だったら？ はじめてさまざまな性《せい》に向《む》きあう人《ひと》のために、基礎知識《きそちしき》をしょうかいする。

読《よ》み物《もの》

セクシュアルマイノリティってなに？

監修《かんしゅう》／日高庸晴《ひだかやすはる》　絵《え》／中山成子《なかやましげこ》

発行《はっこう》／少年写真新聞社《しょうねんしゃしんしんぶんしゃ》

自分《じぶん》のセクシュアリティについて考《かんが》えることをきっかけに、セクシュアルマイノリティについて知《し》る、思春期《ししゅんき》の子《こ》どもにむけた絵本《えほん》。

読《よ》み物《もの》

いろいろな性《せい》、いろいろな生《い》きかた（全《ぜん》3巻《かん》）

監修《かんしゅう》／渡辺大輔《わたなべだいすけ》

発行《はっこう》／ポプラ社《しゃ》

いろいろな性《せい》について、学校《がっこう》で楽《たの》しくすごせるにはなど、ありのままでいられる社会《しゃかい》についてみんなで考《かんが》える3冊《さつ》。

読《よ》み物《もの》

リオとタケル

著《ちょ》／中村安希《なかむらあき》

発行《はっこう》／集英社《しゅうえいしゃ》インターナショナル

アメリカの演劇界《えんげきかい》で活躍《かつやく》したリオとタケル。著者《ちょしゃ》の恩師《おんし》であるふたりの生《い》きかたを追《お》った、ノンフィクション。

読《よ》み物《もの》

恋《こい》の相手《あいて》は女《おんな》の子《こ》

著《ちょ》／室井舞花《むろいまいか》

発行《はっこう》／岩波書店《いわなみしょてん》

初恋《はつこい》の相手《あいて》は女《おんな》の子《こ》。同性《どうせい》を好《す》きになる自分《じぶん》はいけないの? 著者自身《ちょしゃじしん》の体験《たいけん》を中心《ちゅうしん》に、多《た》様性《ようせい》に寛容《かんよう》な社会《しゃかい》を願《ねが》う。

読《よ》み物《もの》

変化球男子《へんかきゅうだんし》

作《さく》／M《エム》・G《ジー》・ヘネシー　訳《やく》／杉田七重《すぎたななえ》

発行《はっこう》／鈴木出版《すずきしゅっぱん》

女子《じょし》だったころの写真《しゃしん》を拡散《かくさん》されてしまったFTM《エフティーエム》の少年《しょうねん》シェーンが、家族《かぞく》や友《とも》だちと共《とも》に前《まえ》へ進《すす》む青春小説《せいしゅんしょうせつ》。

読《よ》み物《もの》

ダブルハッピネス

著《ちょ》／杉山文野《すぎやまふみの》

発行《はっこう》／講談社《こうだんしゃ》

体《からだ》は女《おんな》だけれど心《こころ》は男《おとこ》。なやみながらもフェンシングに打《う》ちこみ、仲間《なかま》や家族《かぞく》から理解《りかい》を得《え》ていく日々《ひび》をつづる。

読《よ》み物《もの》

LGBTQ《エルジービーティーキュー》を知《し》っていますか?

監著《かんちょ》／日高庸晴《ひだかやすはる》　著《ちょ》／星野慎二《ほしのしんじ》ほか

発行《はっこう》／少年写真新聞社《しょうねんしゃしんしんぶんしゃ》

LGBTQ《エルジービーティーキュー》の生徒《せいと》やその周囲《しゅうい》の生徒《せいと》だけでなく、教師《きょうし》や養護教《ようごきょう》諭《ゆ》に向《む》けたページも設《もう》け、学校《がっこう》現場《げんば》での対応《たいおう》を考《かんが》える。

読《よ》み物《もの》

カラフルなぼくら

著《ちょ》／スーザン・クークリン

訳《やく》／浅尾敦則《あさおあつのり》

発行《はっこう》／ポプラ社《しゃ》

写真家《しゃしんか》でジャーナリストの著者《ちょしゃ》がLGBT《エルジービーティー》のティーン6人《にん》を取《しゅ》材《ざい》し、それぞれが語《かた》った生《い》きかたをまとめた1冊《さつ》。

読《よ》み物《もの》

女子高生《じょしこうせい》になれなかった少年《しょうねん》

著《ちょ》／佐倉智美《さくらともみ》

発行《はっこう》／青弓社《せいきゅうしゃ》

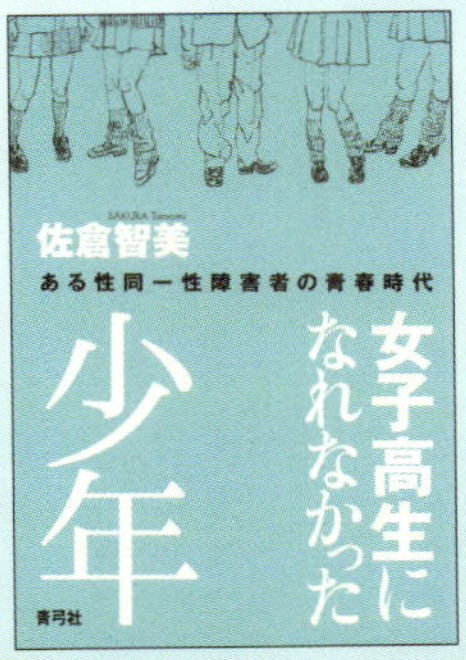

性同一性障害《せいどういつせいしょうがい》の「女性《じょせい》」がすごした高校《こうこう》から就職《しゅうしょく》までの青春《せいしゅん》をえがいた物語《ものがたり》。MTF《エムティーエフ》の著者《ちょしゃ》の自伝的小説《じでんてきしょうせつ》。

読《よ》み物《もの》

にじ色《いろ》の本棚《ほんだな》

—LGBT《エルジービーティー》ブックガイド—

編著《へんちょ》／原《はら》ミナ汰《た》・土肥《どひ》いつき

発行《はっこう》／三一書房《さんいちしょぼう》

自伝《じでん》、小説《しょうせつ》、マンガなど、セクシュアルマイノリティに関《かん》する72冊《さつ》の本《ほん》と11本《ぽん》の映画《えいが》をしょうかいしたブックガイド。

読《よ》み物《もの》

LGBT《エルジービーティー》なんでも聞《き》いてみよう

著《ちょ》／QWRC《くぉーく》　徳永桂子《とくながけいこ》

発行《はっこう》／子《こ》どもの未来社《みらいしゃ》

LGBT《エルジービーティー》について、中高生《ちゅうこうせい》が知《し》りたい基礎知識《きそちしき》と学校《がっこう》・教育《きょういく》・医療《いりょう》・看護関係《かんごかんけい》の大人《おとな》が知《し》っておくべきポイントを解説《かいせつ》。

読《よ》み物《もの》

13歳《さい》から知《し》っておきたいLGBT＋《エルジービーティープラス》

著《ちょ》／アシュリー・マーデル　訳《やく》／須川綾子《すがわあやこ》

発行《はっこう》／ダイヤモンド社《しゃ》

自分《じぶん》は何者《なにもの》なのかという問《と》いに向《む》きあい続《つづ》ける約《やく》40人《にん》のLGBT《エルジービーティー》の生《なま》の声《こえ》を収録《しゅうろく》して、多様性《ようせい》の尊重《そんちょう》を伝《つた》える1冊《さつ》。

読《よ》み物《もの》

G.I.D.《ジーアイディー》実際私《じっさいわたし》はどっちなの!?

著《ちょ》／吉井奈々《よしいなな》　鈴木健之《すずきたけゆき》

発行《はっこう》／恒星社厚生閣《こうせいしゃこうせいかく》

「セクシュアルマイノリティ」の心《こころ》の内面《ないめん》や葛藤《かっとう》を、元《もと》ニューハーフエッセイストと社会学者《しゃかいがくしゃ》のふたりが分析《ぶんせき》する。

読《よ》み物《もの》

ボクの彼氏《かれし》はどこにいる？

著《ちょ》／石川大我《いしかわたいが》

発行《はっこう》／講談社《こうだんしゃ》

10代《だい》の時期《じき》にゲイであることになやみ、やがてそれをみとめ、カミングアウトしていくまでの気持《きも》ちをつづる。

読《よ》み物《もの》

LGBT《エルジービーティー》のB《ビー》です

著《ちょ》／きゅうり

発行《はっこう》／総合科学出版《そうごうかがくしゅっぱん》

X《エックス》ジェンダーでパンセクシュアルの著者《ちょしゃ》が、性《せい》との向《む》きあい方《かた》や上手《じょうず》なカミンアウトのしかたをつづったエッセイ。

読《よ》み物《もの》

NHK《エヌエイチケイ》「ハートをつなごう」LGBT《エルジービーティー》 BOOK《ブック》

監修《かんしゅう》／NHK《エヌエイチケイ》「ハートをつなごう」制作班《せいさくはん》

発行《はっこう》／太田出版《おおたしゅっぱん》

NHK《エヌエイチケイ》教育《きょういく》テレビで放送《ほうそう》された番組《ばんぐみ》の内容《ないよう》を1冊《さつ》にまとめた本《ほん》。「多様《たよう》な性《せい》」が取《と》りあげられている。

読《よ》み物《もの》

先生《せんせい》と親《おや》のためのLGBT《エルジービーティー》ガイド

著《ちょ》／遠藤《えんどう》まめた

発行《はっこう》／合同出版《ごうどうしゅっぱん》

大人《おとな》として、LGBT《エルジービーティー》の子《こ》どもとどう向《む》きあうべきか？　LGBT《エルジービーティー》に関《かん》する知識《ちしき》や対応《たいおう》を、Q&A《キューアンドエー》方式《ほうしき》でしょうかいする。

絵本《えほん》

くまのトーマスはおんなのこ

作《さく》／ジェシカ・ウォルトン

絵《え》／ドゥーガル・マクファーソン

訳《やく》／かわむらあさこ

発行《はっこう》／ポット出版《しゅっぱん》プラス

女《おんな》の子《こ》になりたいとなやんでいたくまのトーマス。そのことを伝《つた》えられたエロール。相手《あいて》を尊重《そんちょう》して友情《ゆうじょう》を育《はぐく》む物語《ものがたり》。

絵本《えほん》

タンタンタンゴはパパふたり

作《さく》／ジャスティン・リチャードソン
ピーター・パーネル

絵《え》／ヘンリー・コール

翻訳《ほんやく》／尾辻《おつじ》かな子《こ》、前田和男《まえだかずお》

発行《はっこう》／ポット出版《しゅっぱん》

動物園《どうぶつえん》での実話《じつわ》をもとにした作品《さくひん》。オスのペンギンのカップルが、たまごをあたため、赤《あか》ちゃんを育《そだ》てるすがたをえがく。

絵本《えほん》

わたしはあかねこ

作《さく》／サトシン　絵《え》／西村敏雄《にしむらとしお》

発行《はっこう》／文溪堂《ぶんけいどう》

白《しろ》ねこの母《かあ》さんと黒《くろ》ねこの父《とう》さんから生《う》まれたあかねこ。みんなとちがっても自分《じぶん》なりの生《い》きかたを見《み》つける物語《ものがたり》。

映画《えいが》

愛《あい》と法《ほう》

監督《かんとく》／戸田《とだ》ひかる

配給《はいきゅう》／東風《とうふう》　©Nanmori《ナンモリ》 Films《フィルムズ》

居場所《いばしょ》を失《うしな》った少年《しょうねん》やさまざまなマイノリティの人《ひと》のためにたたかうゲイの弁護士《べんごし》夫夫《ふうふ》を追《お》ったドキュメンタリー映画《えいが》。

映画《えいが》

リリーのすべて

監督《かんとく》／トム・フーパー

発売元《はつばいもと》／NBC《エヌビーシー》ユニバーサル・エンターテイメント

Blu-ray《ブルーレイ》：1,886円《えん》＋税《ぜい》／DVD《ディーブイディー》：1,429円《えん》＋税《ぜい》　発売中《はつばいちゅう》

世界《せかい》で初《はじ》めて性適合手術《せいてきごうしゅじゅつ》を受《う》け女性《じょせい》となった「リリー」と、その妻《つま》をえがいた、実話《じつわ》をもとにした映画《えいが》。（15歳以上《さいいじょう》対象。）

絵本《えほん》

レッド

著《ちょ》／マイケル・ホール　翻訳《ほんやく》／上田勢子《うえだせいこ》

発行《はっこう》／子《こ》どもの未来社《みらいしゃ》

本当《ほんとう》は青《あお》いクレヨンなのに赤《あか》いラベルをはられたレッド。性《せい》の多様性《たようせい》をクレヨンの色《いろ》でわかりやすく伝《つた》える絵本《えほん》。

団体《だんたい》

ReBit《リビット》

https://rebitlgbt.org/

LGBT《エルジービーティー》をふくめたすべての子《こ》どもがありのままの自分《じぶん》でオトナになれる社会《しゃかい》をめざし、活動《かつどう》している団体《だんたい》。

映画《えいが》

MILK《ミルク》

監督《かんとく》／ガス・ヴァン・サント

発売《はつばい》・販売元《はんばいもと》／ポニーキャニオン

©2008 FOCUS FEATURES LLC. ALL RIGHTS RESERVED.

DVD《ディーブイディー》：3,800円《えん》＋税《ぜい》

1970年代《ねんだい》のアメリカで、ゲイであることをカミングアウトした政治家《せいじか》、ハーヴェイ・ミルクの伝記映画《でんきえいが》。（12歳未満《さいみまん》の方《かた》は保護者《ほごしゃ》の助言《じょげん》、指導《しどう》が必要《ひつよう》です。）

映画《えいが》

チョコレートドーナツ

監督《かんとく》／トラヴィス・ファン

発売《はつばい》・販売元《はんばいもと》／ポニーキャニオン

©2012 FAMLEEFILM, LLC

DVD《ディーブイディー》：3,800円《えん》＋税《ぜい》、
Blu-ray《ブルーレイ》：4,700円《えん》＋税《ぜい》

ふたりの男性《だんせい》とダウン症《しょう》の少《しょう》年《ねん》の家族《かぞく》としてのくらしをえがく作品《さくひん》。1970年代《ねんだい》にあった実話《じつわ》をもとにしている。

団体《だんたい》

にじいろ学校《がっこう》

https://www.nijikou.com/

セクマイかな？　をモットーに！　セクシャリティ関係《かんけい》なくだれでも参加《さんか》できるイベントをメインに活動《かつどう》する団体《だんたい》。

団体《だんたい》

SHIP《シップ》にじいろキャビン

http://www2.ship-web.com

SHIP《シップ》は、同性《どうせい》を好《す》きな人《ひと》や、性別《せいべつ》に違和感《いわかん》のある人《ひと》などが自由《じゆう》に集《つど》い、本《ほん》を読《よ》んだり、話《はなし》ができるフリースペース。

団体《だんたい》

日本《にほん》セクシュアルマイノリティ協会《きょうかい》

https://jlga.or.jp/

すべての性《せい》が安心《あんしん》して、ありのままの自分《じぶん》でまわりの人《ひと》たちとくらせるよう中立《ちゅうりつ》な立場《たちば》でサポートする協会《きょうかい》。

「自分《じぶん》ってまわりの人《ひと》とちがうかも」って
不安《ふあん》な気持《きも》ちになることがあるかもしれない。
「あの子《こ》はほかの人《ひと》とちがう」って
ふしぎに思《おも》うことがあるかもしれない。

でも、「ちがうこと」は、悪《わる》いことではないよ。
ちがいを「個性《こせい》」ってみとめられるかな。
自分《じぶん》の個性《こせい》や、まわりの人《ひと》の個性《こせい》を大切《たいせつ》にできるかな。

さくいん

用語《ようご》の意味《いみ》についてくわしく説明《せつめい》しているページのみ収載《しゅうさい》しています。

個《こ》「性《せい》」ってなんだろう？
LGBT《エル ジー ビーティー》の本《ほん》

監修

中塚幹也

医学博士。岡山大学ジェンダークリニック医師。岡山大学大学院保健学研究科教授。岡山大学生殖補助医療技術教育研究（ART）センター教授。GID（性同一性障害）学会理事長。1986年岡山大学医学部卒業。1992~1995年米国NIH留学。1998年より岡山大学ジェンダークリニック、2006年より岡山大学医学部保健学科教授、2007年より岡山大学大学院保健学研究科教授。2016年よりGID（性同一性障害）学会認定医。専門領域を生殖医学とする。主な著書「封じ込められた子ども、その心を聴く　性同一性障害の生徒に向き合う」（ふくろう出版）。

●中塚先生の著書と資料

封じ込められた子ども、その心を聴く

教育面や医療面でセクシャルマイノリティの子どもたちをどのように支援すべきか？
すべての大人に向けた入門書。

先生に知っておいてほしい
LGBT・セクシャルマイノリティ・SOGI（DVD付き）

LGBTなどセクシャルマイノリティについての基礎知識や、性別に関するワーク集を掲載した、性別違和やセクシャリティに悩む子どもたちへの支援や、医療との連携に関わる教員向けの資料。

ライフプランを考えるあなたへ
―まんがで読む―
「未来への選択肢」拡大版

ライフプランの選択肢の多様性に加え、性の多様性と家族形成などについても説明し、LGBTの子どもをふくめたすべての子どもが自分のライフプランを考えるきっかけとなることを目的に作られた資料。

くわしくは「中塚研究室」のホームページより資料請求ができます。
https://www.okayama-u.ac.jp/user/mikiya/

装丁・本文デザイン	周 玉慧
装画	げみ
マンガ	十々夜　のはらあこ
イラスト	えだかのん　藤田ヒロコ
編集協力	加藤千鶴　酒井かおる
校正協力	村井みちよ
編集制作	株式会社　童夢

写真提供
Aflo、FRENS、NPO法人東京レインボープライド、伊藤芯、岡山市役所、学校のトイレ研究会、カナダ大使館、出張撮影サービス「fotowa」、日本教科書株式会社、日本ピンクシャツデー、プラウド香川

2018年12月　初版
2023年８月　第５刷

監修	中塚幹也
発行者	岡本光晴
発行所	株式会社あかね書房 〒101-0065 東京都千代田区西神田3-2-1 電話：03-3263-0641（営業） 03-3263-0644（編集） https://www.akaneshobo.co.jp
印刷所	図書印刷株式会社
製本所	株式会社難波製本

ISBN978-4-251-09414-8

ⓒDOMU 2018 Printed in Japan
● 落丁本・乱丁本はおとりかえします。
● 定価はカバーに表示してあります。

NDC367
監修　中塚幹也
個「性」ってなんだろう
LGBT の本
あかね書房 2018 112P 31cm×22cm